旅人の表現術

角幡唯介

JN053828

集英社文庫

旅人の表現術　目次

第二部　人はなぜ冒険をするのか——161

第三部　旅から見えること

旅人の表現術

第一部

旅を書く、自分を書く

私がよく受ける質問のひとつに、探検や冒険といった「行動」の部分とそれを文章に書き起こす「表現」の部分、そのどちらを重視して探検しているのかというものがある。こうした質問をほかの登山家や冒険家、たとえば植村直己《うえむらなおみ》や小西政継《こにしまさつぐ》といった人たちが受けてきたのかどうかは知らないが、しかし、間違いなく受けてこなかっただろうと思う。

ある登山家がひとつの登山をして、その記録を文章に起こし単行本にまとめたとする。しかし彼が本を書いたからといって、その本の読者は、彼の登山の根本がこの本によって侵食されているとは感じないだろう。登山家にとっての表現はあくまで登山行為そのものであり、その登山行為をあとから文章にまとめたところで、そんなものは所詮〝おまけ〟、彼の登山の副次的な生産物にすぎない。あとから本を書こうが書くまいが、いずれにせよ彼は山には登っただろうし、登っている最中にあとから本を書く自分を意識するなどということもない。つまりこのとき登山家は純粋に行動者――あるいは行動的表現者――として完結できている。

しかし私の場合はそうではない。私は初めから文章や本を書くことを前提に探検や冒険に出かけている。表現者としての私は、最初に書き手である自分が存在しており、その書き手が探検をして、それを受けて本を書くという構造で成りたっている。したがって探検のテーマや対象自体が、純粋にそこに行きたいという探検家としての無垢《むく》な立場からではなく、そこに行くことで何が書けるのか、どのような事柄が表現できるのかという書き手の観点から決定されることも多いのだ（というか、ほとんどそうである）。おそらく、このような表現者としての立場が作品のなかからもにじみ出ているのだろう、私の本の読者は、私の探検行為の根本的な土台が、最終的には書くという目的によってどこか侵食されており、行動者としての純潔を保てていないのではないかと感じるようだ。

書き手として自立しはじめた当初は、行動者としての自分、表現者としての自分が分裂し、自己矛盾をきたしているのではないかというジレンマにかなり悩まされた。厄介だったのはこのジレンマが、もし書くという手段が封印された場合、自分は探検に行かないのではないかというさらなる深刻なジレンマに接続されていたことである。書けないなら探検に行かないのであれば、自分の探検行為は単なる素材にすぎないことになり、それはおかしいのではないか、と。

現在ではこのジレンマに苦悩することは、ほとんどなくなった。それは探検家としての行動者的側面と、書き手としての表現者的側面が自分のなかで無理なく一つにまとまっていると感じることができるようになったからだと思う。

探検行為は、社会や時代の枠組みの外側を目指す行為なのだから、それは結局のところ、それら社会や時代にたいする現状分析を前提とせざるをえない。枠組みの外側に出る以上、その枠組みの境界線がどこにあるか自分なりに見きわめないと外側にはでられないからだ。そして外側に向かうということは、その境界の内側にとどまる時代や世間にたいして、そもそも批判的な視点を持っているということでもある。外に飛び出して、その批判的な目をもって社会と時代の枠組みの限界と現状をあぶり出し、その価値観をゆさぶることが探検行為の重要な一部をなしているのなら、結局のところそれは身体をつかった批評表現といえるだろう。つまり、私の探検は社会の外に飛び出すことで、その社会に対して何か新しい視点を付けくわえてやりたいという気持ちがモチベーションになっているわけで、その身体的批評行為を文章で表現することはきわめて自然なことなのである。どっちが先でどっちが上ということもないわけで、最終的に何が書けるかという観点から、どこで何を探検するのかを決めるのは、逆に当たり前だとさえいえる。最近ではそんなふうに考えられるようになってきたので、行為と表現のジレンマに悩まされることはなくなった。

もし今、書くという手段を封印されても探検に行くのかと訊《き》かれたら、行くかもしれないが、それは探検にはならないだろうと答えると思う。作品にして発表するという構想が、旅に出ようとする私の背中を強力に押している。しかし、それだけに表現というものがもつ狂気と無限の欲求に身震いすることがある。究極の表現を求めたとき、人は自分の命すら顧みなくなることに私はすでに気がついている。

記事　『夏の闇』に見る人間・開高健の荒地

冒険旅行から日本に戻ると、いつも私は自分が生気の抜き取られた残りカスみたいに感じる。さんざんお茶を出し尽くしたあとの、味も素っ気もない、ただ色だけがお茶のふりをした出がらしのようだ。目の位置は同じ、鼻の形も変わらない。同じ顔はしているのだが、心の真ん中にぽっかりと空洞ができた気がして、どこかむなしい。自分が失われた感じがして、体腔《たいこう》の内側で重要な何かが剝げている感じがする。

時間の流れも漠としており、とらえどころのない空虚さが常に生活のある一定割合を満たしているように思える。たしかに静寂で、落ち着いており、表面的には満たされている。家族と過ごすことで精神的な充足が与えられ、友人たちとの何気ない付き合いのなかで気晴らしを感じることもできる。しかし、同時にぼんやりとした、抗《あらが》いようのない倦怠《けんたい》にやわらかく包みこまれてもいる。ここにすべてがあるわけではない、ということを私は知っている。仮にすべてが順調に推移したとしても、生きていくうえで自分が追い求めている決定的な経験が、私の日常からは欠落してしまっていると感じられるのだ。

何が足りないのか。それは冒険の現場で感じられるような、生きることに純粋に没入できている瞬間のつらなりである。日常での生活は、冒険の現場で接続されていた明瞭な生と死から遮断されており、焼き焦がすようなヒリヒリとした感覚が失われている。生温かい海水の上でふわふわと漂流しているような、時間と空間の中にしっかりと自分が打ちつけられていないことに起因する変な落ち着かなさをおぼえる。だから冒険から日常に戻ると、明瞭な生の輪郭が与えられていないと感じ、どこか「届くことができていない」という思いを抱いてしまうのだ。

日常ではどこか心の奥底に生気を取り戻さなければという焦りが常にある。放浪に出たいという止《や》み難い欲求に精神の大きな部分が絶えず浸食されているせいで、その欲求を縮小させた四泊五日程度の小さな登山計画をついつい立ててしまう。しかし、生を感じられないからといって日常を放棄して、ブッシュマンのように森のなかで一人で暮らすということにまで踏みこむことはできない。だから、私はひとまず断念し、次の冒険でキリキリとした寒風に肉体が打ちつけられるまでの間、その繭に包まれたような平和な日々のなかに自分を押しこめ、そのことに自分自身を強引に同意させることにする。こことあそこの時間は違うのだ、ということにしばらく自分を納得させる。

冒険とは、死を自らの生の中に取りこむための作法である。人は冒険を経験するということによって、現代の都市生活から切り離されたところにある死と明確な契りを結ぶことができる。そのため、ひとたび冒険を経験すると、その人は以前と同じような感覚で日常生活を送ることが難しくなる。冒険の現場で達成されていた自然との命の駆け引きに比べると、どうしても日常のあらゆる経験が一段、価値の低いことであるように感じられ、どうでもいいことのように思えてくるのである。

だが、もしかすると、その原因は、冒険で死を感じられることにあるのではなく、日常で死を感じられなくなったことにあるのかもしれない。

現代の都市生活において、死は人目につかないところに巧妙に隠されてしまった。死だけではなく、死と関連づけられる一切の生々しくて官能的でどろどろとした生物的な事象や本能的な衝動は忌諱《きい》され、隠匿されるべきだと考えられるようになった。基本的に人間は生殖と食という生命活動により命をつなぐ一個の生命体にすぎない。それを考えただけで、死が生の前提であることはわかりきっていることだが、そうした事実からは目をそむけ、話を向けないことがマナーだとされている。いつごろからか知らないが、私たちは死を忌み嫌う虚構の中で生活を営むことに決めた。その方式のほうが社会を円滑に運営できることに気がついたからだろうが、近年ではその方式は過剰に進展し、これまで生活空間の中に必ずひそんでいた死が噴出してくるような穴や隙間や闇さえ塗り固められ、蓋をされ、整理整頓されて消失させられた。私たちの日常からは生や死が見えなくなっており、死を見なくていい生活に安心しきっている。今では死を意識するのはせいぜいガンを宣告されたときか、大災害が発生したときぐらいなもので、そういうときに突如、ゴロンと鉈《なた》で肉をぶった切ったみたいに死を目の前に転がされると、私たちは必要以上に見苦しいほどオタオタする。

しかし生きているかぎり死は常時、平然とした顔で隣にいる。死のない生などというものは存在しないし、意味がないし、矛盾している。私たちは死を意図的に視界から遠ざけているだけのことであり、死を見ることをやめたせいで生を見ることもできなくなっているのだ。

生活から死が排除された結果、現代では死を見つめて生を噛《か》みしめるためには冒険にでも出るしかなくなった。冒険に出ると死のない生活が虚構であることを、経験をもって知ることができる。冒険の現場では一挙一動に死が粘りつくように絡みついており、自分の行動のすぐ先に死が待ち構えているかもしれないことを意識せざるをえない。そこではあたかも、死が常に暗闇の底から千本の手をのばして、私の足をつかみとり、暗い深淵《しんえん》の奥底に引きずりこもうとするかのようだ。だが、それだけにそこには重々しい何かがある。何か力が波打っているような混沌《こんとん》としたもの、世界を成立させている原理や動因、真実と呼んでも差し支えなさそうにさえ思える根源のようなものがある。少なくとも、そういうものがあると感じることができる。それは死を媒介にしなければ感得することのできない、腹にのしかかってくるような何かである。死から遠ざけられた現代的な虚構生活のなかでフワフワと宙に浮くしかなかった私の生は、死によって明確に打ちつけられ、形を与えられ、肉体的な根拠を付与されるのだ。死によって在らしめられる生というものを、私は冒険によってはじめて経験できるのである。

経験とは想像力を働かせることができるようになることだ。自分だけの言葉で語ることのできる事柄を、自分の中に抱えこむということである。冒険の間、私は死に対する想像力を持つことができる。死に直面することがどういうことか、今から何が起きたら自分は死に直面するのかということを思い描くことができ、死ぬかもしれない明日をそれほど不思議ではない未来として捉えている。緊迫した時間が私にそれをさせ、危機が私を生に集中させるからだ。しかし、日常に戻ると私は死を想像することができなくなり、同時に生を摑《つか》まえることもできなくなる。日常は生への切実さ、切迫さに欠け、生温かい倦怠の中で空気ごと漂流しており、時間も緩慢に流れて淀《よど》んでいる。何かは生産されているのかもしれない。充実しているときもある。幸福を嚙みしめるときもある。しかしそれでも究極の先端の部分は満たされない。私は常に心のどこかで再び冒険の現場に出て、新鮮な死に触れあうことで生が更新されることを望んでいる。

開高健《かいこうたけし》の『夏の闇』はそういうことを書いている作品であるように私には思える。この小説の中で開高健は、死を見つめて生を摑み取ることを渇望しながらも、女との倦怠的な日々ではそれができないことに、ひたすら身悶《みもだ》えをつづけている。そして最後に暖かい布団の中で紡がれる甘ったるい女との暮らしを破綻させ、自分に形を与えてくれるはずのベトナムの戦場に回帰する。それは生と死が遠景にぼやけてしまった現代都市生活文明の否定であるのと同時に、現代人の魂の漂流の物語である。

*

『夏の闇』は、『輝ける闇』でテーマとなったベトナム戦争における苛烈な従軍体験を経て書かれた作品である。『週刊朝日』の臨時特派員としてベトナム戦争を取材していた開高健は、最前線である南ベトナム側のベン・キャット砦《とりで》に滞在中、ベトコン側の勢力下にあるジャングルの掃討作戦に同行することになる。米軍の将兵や南ベトナム軍兵士とともにブッシュやジャングルや葦《あし》の沼沢地を越えて進軍した末、開高健は凄惨な死の現場に遭遇する。密林の向こう側から姿の見えないベトコン兵士により、マシンガンやカービン銃の一斉掃射を受け、開高健は恥も外聞もなく枯葉の中を転がって逃げまどい、倒木の中に頭を突っこんで顔を土で覆った。掃射は止まず、ピチッ、パチッ、ヒュンという単発音が頭の脇をかすめていく。米軍・南ベトナム軍の部隊は潰走をはじめたが、逃走中も敵からの乱射は止まず、開高健と兵士たちは右に左に転んだり、ぶつかったりして、気づけば二百人中一七人しか残っていない激戦となった。

『夏の闇』で主題となっているのは、開高健がベトナムにおける死の現場で摑み取った生の輪郭の、その後の人生における後処理の問題であるように思われる。ベトナムで九死に一生を得たことで、開高健は生の中に死を取りこんでしまい、その死を終生にわたって持て余していたように私には見える。その持て余した死に、現実として引きつづく自分の人生において、具体的にどのように決着をつけるか、その決着のつけ方に煩悶《はんもん》しつづける様子がこの小説には描かれている。したがって『夏の闇』を理解するには、少なくとも前段階としてベトナムでの出来事を書いた『輝ける闇』は読んでおかなくてはならないということになる。

私は最も入手しやすい新潮文庫版でこの『輝ける闇』という作品を読んだのだが、その新潮文庫の裏表紙には、「戦争の絶望とみにくさをえぐり出した書下ろし長編」と紹介されている。だが、私にはこの作品が「戦争の絶望とみにくさをえぐり出した」ものであるとは到底思えなかった。これまでに都合三回ぐらい読んだと思うが、そんな人道主義にもとづいたきれいごとは『輝ける闇』のどこにも書かれていない。

開高健がこの作品で扱ったのは、一貫して彼のごく個人的な問題である。彼はいかに自己をこの世界に対して主体的に打ち立てるか、ということだけを追求してこの作品を書いている。この世界を構成する本質的なものは生と死であり、とりわけ自分も含めた人間の生と死である。戦場が小説の舞台に選ばれているが、それは戦場こそ最も死が身近に感じられる現場であると彼が考えたからにすぎない。開高健にとって〈戦場＝死の充満する場所〉はあくまで自己の生を覚醒させるために必要な舞台装置であり、戦場の泥沼をドタバタとのたうち回ることで、生きていくうえでの自分なりの真実を摑み取れるのではないかという期待があったからこそ選ばれた場所だ。開高健が求めていたのはジャーナリスティックな戦場の現実ではなく、死の充満した冒険の舞台だった。したがって戦争の趨勢《すうせい》や帰結や戦争が引き起こす悲惨さやベトナムの平和などは、彼にとっては基本的に関心の本筋ではなかったように思える。彼の問題意識は人間とはどのように生きるべきかというただその一点に凝縮しており、戦場に身を置くことでギリギリとその答えを絞り出そうとしていた。

戦場のような死がその辺に転がっている空間や状況のことを、開高健は〈荒地《あれち》〉と呼んだ。開高健が言う荒地とは、たとえば神話学者のジョーゼフ・キャンベルが、ビル・モイヤーズとの対談集『神話の力』（早川書房）の中で〈ひとつの力として考えられる、定義しようのない、認識もできないもの、つまり、あらゆる生命と存在との源泉であり、終末であり、それらを支える基盤〉と定義した自然というものに近い言葉だと思う。要するに荒地とか自然とかいうのは、人間には制御することのできない不可抗力によって支配されている空間、状況のことであり、常に生と死が生成されては湧出《ゆうしゅつ》し、沈殿しては分解し、再び生成される、そのような循環を繰り返す場所のことである。自然や荒地では生と死という人間界、生物界の根幹を形成する律動やダイナミズムが生み出されており、われわれの生活空間の至る所にある穴や隙間や闇からは、その自然からは、プンプンとした死の臭いが噴きだしてくるのである。

これは私の個人的な歴史観になるが、人類は有史以来、ほとんどの時間をこの荒地や自然と同居するようにして生活してきたのだと思う。狩猟採集民の時代はもとより、農業を開始して定住するようになり、文明が勃興と衰退を繰り返す歴史時代に入ってからも、基本的に人間は荒地や自然からの干渉の中で暮らしを営まざるをえなかった。人間の暮らしは地震や津波や暴風や日照りや飢饉《ききん》、疫病などにより破壊される危険に絶えずさらされ、戦争や暴虐な君主による圧政で命を奪われる可能性も低くはなかった。人間の生は、すぐそこに転がっている死と隣り合わせで連綿と紡がれ、その意識や精神性もまた隣にある死を前提にして形成されてきたはずだ。生と死は表裏一体であり、生は死を取りこむことによって初めて完全に成立することなど、冒険などに出なくても昔の人は当たり前のこととして受け止めていた。それは生活の延長線上にある路傍の石みたいなもので、多かれ少なかれ、自分もあなたももしかしたら明日死ぬかもしれないという達観した死生観のもとで人間は生きていた。かつての人々は死を生活の中に取りこむことにより、生と死を本質とするこの世界と直截的《ちょくせつてき》な関係を結ぶことができていたのである。

そうした生活の中の荒地や自然は、開高健の少年時代においてもまだ健在だったようである。開高健が暮らした大阪の街は戦争により荒廃し、焼け野原の中に闇市や掘立小屋がむくむくと造出され、人々は死と同居しながら、そのことが当たり前であるかのように淡々と生き、現代ほど生に肯定的な意味を求めず、死に否定的な意味も持たせない環境で暮らしていた。闇市や掘立小屋は生と死が折り重なってできた、まさに荒地であり、それが開高健の心的世界を構成した原風景になっている。『輝ける闇』の中で彼は自分の原風景を次のように活写している。

男たちはボロをひきずって影のように歩きまわり、おずおずと火に手をかざし、メチールを飲んであっけなく悶死《もんし》したり、地下鉄の暗い水たまりに顔を浸して餓死したり、貨車の連結器からふりおとされて顔をブリキ罐《かん》のようにひしゃげたりした。貨車にのせられて復員兵たちは故郷《くに》へ帰っていったが、有蓋《ゆうがい》貨車の屋根にのった連中はトンネルに列車が突入するのを知らないでいるために一瞬、頭蓋骨を粉砕されて、米俵のように灌木林《かんぼくりん》へころがりおちた。

（『輝ける闇』新潮文庫）

このように人間の死の充溢《じゅういつ》した悲惨きわまりない情景を、彼はまるで虫ケラでも死んだみたいに淡々と、無意味な死として描き出す。そのことにより死が生活の中に食い込んでいたことを表現するのである。
人間・開高健が作られたのは、生命の尊厳などあざ笑うかのように簡単に人が死んでいく圧倒的な日常によってであり、彼は戦後の荒地の中で日々を過ごすことによって自らの生に死を取りこんでいった。

餓死体が私にはこわかった。死は空襲の翌日の小学校の校庭や焼跡の溝のなかで慣れっこになっているはずだったが、餓死体は戦後になってから見ることだった。それはあちらこちらに茸《きのこ》のようにあらわれた。地下鉄の構内の暗いすみっこで倒れている男の髪をつかんで駅員が顔を持ちあげ、手をはなすと、顔は汚水へ音をたてておち、ジッとしていた。そのとき額がコンクリートにあたって、にぶく、ゴトンと、木のような音をたてた。その音を聞いて私はふるえあがった。焦《こ》げた死や砕けた死はけっして私を精錬していなかった。餓《う》えた死は緩慢な時間をたどったあとでそこに木か石に似た堅硬さで結実していた。いつか遠くない日に私もそうなるかもしれなかった。
（同前）

少年は死に対して怯《おび》えていた。怯えて震える。それは脇に転がる死を自らの生に投影させ、確かな想像力の射程の内に捉えることで死を現実的な力として受け止める、ということを意味していただろう。彼において死は生の確かさを確認するための比較対象物となり、同時に生を照らし出す発光体となって精神の中に沈殿していった。開高健にとっての少年時代とは、自分の体内に死を経験として蓄積していく過程だったのかもしれない。

ところが、死が至る所から噴出し、生がごそごそと怪しげに蠢《うごめ》いていた荒地そのものが、まもなく少年開高健の前から姿を消していく。〈もはや戦後ではない〉を合言葉に高度経済成長がはじまり、清潔を旨とする中産階級が勃興、混乱や猥雑《わいざつ》や汚穢《おわい》や貧困にまみれた凸凹《でこぼこ》とした荒地は、有形無形の様々な力とコンクリートによって直線的に整理整頓されていき、ゆらゆらと死が噴出する穴や隙間や路地裏は根こそぎ見えない壁で蓋をされていったのである。

大自然は短命であった。荒地こそはシトロン生い茂る国であった。それに気がついたときはまたしても失ってからだった。いつとなく人びとはマッチ箱のような家やゴミ箱のようなビルの群れで荒地を蔽《おお》い、アスファルトの薄皮で蓋《ふた》をした。（中略）日に日に荒地が狩りたてられて視野から消えていくのを見ていると私は深い個処に寂《せき》寥《りょう》をおぼえずにはいられなかった。あの広大で苛烈な爽快はふたたび味わえない。私の恐怖やさびしさや流謫《るたく》に形をあたえてくれていたものは消えた。たえまなく人や物から剝離《はくり》しながらも私は内にひろがるものに呼応する等量の外を失った。見ることはその物になることだ。私が荒地である。私が私を見る。（同前）

外の荒地が失われていくことで、荒地に呼応していた開高健の内側の生もまた、その脈拍や律動を失い空虚で薄弱なものとなっていった。それだけに自己の内的世界を崩壊させていく荒地の消失そのものが、作家開高健にとっては重要なテーマだったようで、彼は時代により荒地が整理されていく様を『日本三文オペラ』の中でまざまざと描き出している。

『日本三文オペラ』は朝鮮戦争によるスクラップブームの最中に、アパッチ族と呼ばれる男たちが大阪砲兵工廠《こうしょう》跡地で繰り広げた屑鉄漁《くずてつあさ》りの模様を生き生きと描いた小説である。アパッチ族は各自が一芸に秀でた独立独歩の個性豊かな男たちで、彼らは警察の取り締まりの間隙をぬって、権力をあざ笑うかのように屑鉄を盗み出して生活を営んでいる。開高健はアパッチ部落を権力の外側で自由を謳歌《おうか》する梁山泊《りょうざんぱく》のような別天地として描出しているが、その原型として彼の脳裏にあったのが、死と生が横溢《おういつ》していた戦後の荒地であったことは明らかである。この物語の中で開高健はアパッチ部落の入口にあたるジャンジャン横町や新世界と呼ばれる界隈《かいわい》を、〈むらむらとした湿疹《しっしん》部、または手のつけようもなくドタリとよこたわった胃袋〉〈それにつづく腸管みたいなもの〉〈年がら年じゅう夜も昼もなく、ただひたすら怒って騒いで食うことにかかりきっているようで、栄養と淫猥《いんわい》がいたるところで熱っぽい野合をしていた〉〈孤独や斃死《へいし》という、シラミのように慣れきったはずのものが妙にドキドキした新鮮さで芝生や公園のなかをかすめて通るように思われだした〉〈なにやかやらが血と精液の充満したぼうふらの群れのようにひしめきあっている〉といった表現で描写しており、その肉感的で脂っこい筆さばきは彼の内面にひろがっていた荒地の風景と呼応していた。

この戦後日本に残されたアパッチ部落という最後の荒地は、時代の進展とともに清潔な中産階級の代弁者である官憲によってじわじわと取り締まりが進められ、摘発されて解散を余儀なくされていく。そして最後に文明の力の象徴としてブルドーザーが現れる。アパッチ族が己の知恵と機転と体力により屑鉄を漁ってきた砲兵工廠跡地には柵が張り巡らされ、ブルドーザーにより平らにならされて、凸凹や穴や隙間は密封され整地されていくのだ。アパッチ族は柵の外で呆然《ぼうぜん》とブルドーザーを見上げ、だらりと両手をぶら下げてのろりとした足取りでめいめいの茂みに帰っていく。開高健はブルドーザーという個々の人間の力では太刀打ちできない重機を登場させることで、荒地が近代的で直線的な支配体系のもとに組みこまれていく時代のうねりを象徴的に描いている。このアパッチ部落の終焉《しゅうえん》のシーンに、開高健は自己の生を律動させていた荒地が戦後日本から消失した喪失感を仮託しているのだ。

こうして日本から荒地は無くなった。現代人は死から切り離されることで自らの生を見失い、行き場をなくした閉塞した人生を送らざるをえなくなった。そのことに最も敏感だったのが開高健だった。『輝ける闇』で一貫して提示されたのは、いかに漂流した日常的生から脱却し、自己の身体をこの世界に対して主体的に打ち立てるかという、開高健個人と世界との関係の切り結び方の問題である。したがって作中ではそのことに対する煩悶や自問がキリがないほど繰り返される。

私はただ引金がひいてみたかった。満々たる精力をひそめながらなにげない顔をしているこの寡黙《かもく》な道具を私は使ってみたかった。憎しみからでもなく、信念からでもなく、自衛のためでもなく、私はらくらくと引金をひいてかなたの人物を倒せそうであった。

何と後方の人びとは軽快に痛憤して教義や同情の言葉をいじることか。残忍の光景ばかりが私の眼《め》に入る。それを残忍と感ずるのは私が当事者でないからだ。当事者なら死体が乗りこえられよう。私は殺しもせず、殺されもしない。レストランや酒場で爆死することはあるかもしれない。しかし、私は、やっぱり、革命者でもなく、反革命者でもなく、不革命者ですらないのだ。私は狭い狭い薄明の地帯に佇《たたず》む視姦者《しかんしゃ》だ。

何事であれ私がそんなふうな苦しみかたをしなくなってから、何年になることか。苦しむことを避ける工夫に私はひたすらいそしんで、不感を鎧《よろ》い、ただ緩慢に安穏に仮死しつつあることだけをまさぐってきたのではなかっただろうか。（同前）

傍観者ではなく当事者として死と対峙《たいじ》することによってしか漂流する生に決着をつけることはできない。開高健が危険を顧みずあえてベトコンの掃討作戦に従軍する道を選んだのは、そのような危機意識があったからである。それはジャーナリストとしての使命感からではなく至極個人的な事情からだった。彼は外側に荒地を復活させ、幼少時代の焼け跡で取りこんだ死を自らの生の中に再生させるために戦場へ行かざるをえなかったのだ。

徹底的に正真正銘のものに向けて私は体をたてたい。私は自身に形をあたえたい。私はたたかわない。殺さない。助けない。耕さない。運ばない。煽動《せんどう》しない。策略をたてない。誰の味方もしない。ただ見るだけだ。わななわなふるえ、眼を輝かせ、犬のように死ぬ。（同前）

こうした衝動に突き動かされた行動を、開高本人は冒険ではないと捉えていた。〈戦争は冒険ではない〉と彼は書いている。〈冒険とは大陸を発見し、海路、空路、陸路を開拓し、西海岸から東海岸へ飛脚馬を疾駆させることだった〉。この文章から、彼は冒険という言葉を何らかの時代性や社会性と関連させて理解していたことがうかがわれるが、しかし私は開高健の行動は紛れもなく冒険そのものだったと思う。私の理解によると冒険とはその行動の内側から社会性や時代性を切り離して、個人的な事情にスポットライトをあびせた言葉であり、あくまでそのひと個人の物語のことだからである。その意味で『輝ける闇』は開高健の冒険に処すまでの内面的な模索を描いた小説であり、ベトナムのことや戦争の悲惨さを書いたものではなく、彼自身の魂の悲惨さを書いたものである。その証拠に、彼は従軍に赴く直前の気持ちをこう述べている。

私のための戦争だ。

そして彼は行軍中の密林の中で苛烈な掃射に遭遇し、生の中に死を取りこむことになった。

＊

『夏の闇』もまた『輝ける闇』と同様、世界との関係の切り結び方をテーマにした作品である。ただ『輝ける闇』が冒険によって荒地を回復し、生に死を取りこむまでの模索を描いた物語だとすれば、『夏の闇』は冒険により死を取りこんだ生にどのような決着をつけさせるかという後処理を描いた物語だ。

『夏の闇』の舞台となったのは『輝ける闇』とは正反対の女とのうだうだとした日常だ。物語の最初の舞台はパリと思われるヨーロッパのどこかの都市で、主人公は『日本三文オペラ』のジャンジャン横町を想起させるモツ料理屋に女と食事に出かけたりする。本格的な倦怠が訪れるのは女の生活場所である別の都市に移ってからだ。旧西ドイツのボンを思わせるその都市には役所と大学しかなく、〈どこの首府の駅にもある叫び、笑い、眼の輝き、歯の閃《ひら》めき、朦朧《もうろう》としながらも巨大な唸《うな》りというものが、どこにもない〉街である。街区は直線的なコンクリートで仕切られ、酒場や料理店は清潔で、人々は規則正しく生活し、朝はカツカツと靴音を鳴らして出勤して夜の早い時間に寝静まる、そんな街だ。女の住む家は、その街の富豪たちが住む樹木に囲まれた端正な一角にあるのだが、当然そのあたりは死が噴き出してくる穴や闇や路地裏がすべてきれいさっぱり閉じられてしまっており、矛盾や不整合性といったものも完璧に整理され、闇市やジャンジャン横町とは正反対の風景が広がっている。もちろんベトナム戦争で経験した肌を焼き焦がすようなヒリヒリとした生など見当たらず、ただ時間を死まで無駄に引き延ばした緩慢な生しか存在しない。開高健の内面にはベトナムで取りこんだ死がまだ沸々と熱を帯びていただけに、彼は荒地のない女との日常に煩悶し、葛藤し、引きちぎられるような苦悩を体験する。

ただ、女との生活はけっしてつまらないというわけではない。逆にそれは〈甘くて、静かで、柔らか〉く、二人の間ではとろけるような交歓の時間がつづく。しかしそのことによって、死を取りこんだ開高健の精神が満たされることはけっしてない。死を取りこんだ自らの生と、目の前にある倦怠的な日常に折り合いをつけるため、開高健は女をつれて山の上の湖に釣りにでかけ、巨大なパイクを釣って女を喜ばせたりもする。自然と触れ合うことで荒地を求めていた彼の精神は多少癒され、〈大丈夫だ。私は更新された。簡潔で、くまなく充塡《じゆうてん》され、確固としている〉というところまで回復するが、しかしその更新は結局不完全で、おそらく百のうちのせいぜい六十ぐらいまでしか回復していなかったため、女との間で街での日常が再開すると、湖で少し充塡されただけの荒地的生はまもなく底をつき、彼は本格的に死の取り込み作業を再開する必要に迫られる。そして最後は女との生活を自ら破綻させて、再びベトナムの戦場を目指さざるをえなくなるのだ。

開高健が感じる倦怠は、荒地に足を踏み入れ、死を取りこんでしまった登山家や冒険家の荒涼とした心の闇と共通している。一度荒地に足を踏み入れると、冒険者はそこで日常には存在しない世界を発見し、そちらのほうが本当の世界なのではないかという気持ちに支配され、その認識から離れることができなくなる。女との甘ったるい時間が流れていようと、家族との充足した幸福に包まれていようと、ひとたび死を取りこんでしまうと、その経験が冒険者を日常から再び荒地に向かわせようとする。死を取りこんだ人間は何度でも荒地の中に自らの身体を放り投げ、世の中の奥にひそむ真実の部分と接合し、もう一度自分の存在を曖昧なものではなく明確なものとして打ち立てたいと欲求するようになる。荒地の中に戻りさえすれば厳しさ、過酷さ、苦しさにより肉体が物理的に傷をつけられ、自分がそこに〈ある〉という絶対的な感覚を得ることができるのだ。一度でもその感覚を得てしまうと、日常に戻って安逸な時間を貪って自分が弛緩《しかん》して曖昧な存在になってしまうことを、逆に恐ろしいと感じるようになるのである。

『夏の闇』という小説は、人間としての開高健、作家としての開高健をぎゅうぎゅうに搾りきって、そしてポタッと落ちた最後の一滴のような作品に思える。ぐつぐつと煮詰めて、最も純粋に蒸留された上澄みの部分である。少年時代に彼の死生観を形成した荒地としての戦後の闇市の風景、その荒地が一掃された話としての『日本三文オペラ』、荒地を回復することを模索した冒険者の精神の動向としての『輝ける闇』、それらの全体の帰結として、開高健は食うこと、惰眠を貪ること、セックスに惑溺することでしか時間を浪費することのできない大事なものが剝げただらしない男を描いた。

私が気になるのは、『夏の闇』によって搾り出した最後の一滴を、開高健はその後の人生において、どのようになじませていったのかということである。

冒険者は冒険で死に直面しても冒険をやめようと思わない。危険な目に遭ったからもうやらないというのではなく、危険な目に遭ったからこそ、もう一度その地点に戻りたいと願うのだ。それは冒険者の業とでも呼ぶしかないものである。そして、それは現実的な社会生活において必ずしも肯定的な作用を及ぼすものではない。死を取りこんだといっても実際に死んでいるわけではないので、その冒険者の心の内側には現実としての死までの間に必ず余白が生じることになる。一度死を取りこんだ冒険者は、この死までの余白を狭めたいという衝動を抑えることができなくなる。過去の冒険と同程度の危険を経験するぐらいでは、その人の内部の荒地は更新されない。荒地を更新するためには、さらに死に近い荒地を経験しなければならないのだ。前よりも死に近づくことができずに荒地を更新できなかったとき、その人の冒険は失敗であり、もっとできたのではないかという後悔を抱えて生きていくことになるだろう。一方で荒地を更新できたとき、その冒険は成功であるが、さらに死に近づくことは避けられなくなる。このように冒険者の人生には、この死までの余白をどのように生きたまま処理するかという難題が現実的問題として横たわっている。

開高健はベトナムで取りこんだ死に、いったいどのような決着をつけるつもりだったのか？

『輝ける闇』や『ベトナム戦記』を読むかぎり、彼はあのときかなり死に近づいていたはずだ。百が現実的な死だとしたら、たぶん八十ぐらいのところまで行っていたかもしれない。その後の日常の倦怠に決着をつけるためには、余白の二十をさらに刻んで、残り十ぐらいのところまで行かないと彼の荒地は更新されなかったはずだ。だがそれは事実上の自殺行為に近い。そんなことができるはずはない。『夏の闇』のラストで彼は電車に乗って再びベトナムの戦場を目指すが、『輝ける闇』の戦闘ほどの経験を獲得することができたとは思えない。だとしたらその後の人生で彼はいったい何ができたというのだろう。

私は『夏の闇』以後の開高健の作品をあまり読んでいない。『夏の闇』ほどの切実な作品があるとは思えないからだ。あれ以上の作品は正直いって無理であるように思われるのだ。ただ、『オーパ！』などを読むかぎり、彼は『夏の闇』で描いたような自分自身を搾りに搾ってそれを蒸留して出したあの一滴を、適当に希釈させる方向でしか生きていけなかったのだろう、という印象は受ける。アマゾンやアラスカでの釣りのような疑似的に自然と触れ合う冒険遊びの中で、彼は自分の荒地を中途半端に再生させて充塡することを繰り返したのではないか。それは紛れもなく、あれ以上のところまでは行けないから、これで我慢することにしたという妥協の結果にすぎなかったと思う。

だがそれ以外にどんな道があったというのか。生きている以上、死までの間に横たわる生の余白は解決できずに必ず残る。そうであるなら、死を取りこんだ人生に最終的に決着をつけるには、妥協するか、自殺するかの二つに一つしかない。開高健は妥協する道を選んだ。それは当たり前のことだ。階段を下りたのである。彼の人生は事実上、『夏の闇』で終焉し、あとはベトナム以下の不完全な余生がつづいただけだったろう。

だとしても、そのことに自分の中で整合性をつけることは可能だったのだろうか。納得できていたのだろうか。生の余白を霧消させるには、妥協して精神を溶解させる以外に道はないのだろうか。年齢を重ねるということは、すなわち精神が溶解することを意味するのだろうか。

もし開高健が生きていたら、私はそのことを訊いてみたかった。

初出　「ｋｏｔｏｂａ」二〇一四年秋号［ＮＯ．17］二〇一四年九月五日刊行（集英社）

対談

歩き、読み、書く　ノンフィクションの地平
×沢木耕太郎

沢木耕太郎（さわき・こうたろう）　一九四七年東京生まれ。七〇年横浜国立大学経済学部卒業。フリーのルポライターとして執筆活動を開始する。代表作に『敗れざる者たち』、『テロルの決算』（大宅壮一ノンフィクション賞）、『一瞬の夏』（新田次郎文学賞）、『バーボン・ストリート』（講談社エッセイ賞）、『深夜特急　第三便』（JTB紀行文学大賞）、『檀』、『オリンピア』、『凍』（講談社ノンフィクション賞）など。二〇〇三年、その作家活動に対して菊池寛賞受賞。

なぜ書きはじめたのか

沢木　角幡さんは、二十七歳で新聞記者になったんですよね。大学を卒業して何かしてたんですか。

角幡　僕は一浪して大学に六年いってるので、卒業したのは二〇〇一年です。就職する

つもりはなくて、探検家になるつもりだった。業界では有名な藤原一孝《ふじわらかずたか》さんという方が、ニューギニアの最高峰カールステンツ・ピラミッドを目指してヨットで河を遡行する探検隊に参加したのですが、それが挫折したので卒業した年の秋に帰国して、知り合いのやっていた土木会社でアルバイトをしていました。

沢木　「探検家になろう」なんて、相当ろくでもない考えじゃない（笑）。自分の内部ではかなりのリアリティを持っていたの？

角幡　仕事にしようというつもりはなかったですね。現実的にはどこかでお金を稼いで、年に二、三ヶ月どこかに行く。それを書いて発表しようという気は当時あったのかなあ。

沢木　それから新聞記者になった。略歴を見ると、新聞社に勤めていたのは五年間ということになっているけど、記者として一通りのことをやったんですか。地方回りとか。

角幡　地方を二箇所です。五年くらいたつとだいたい本社に異動するので、そのときに僕は辞めたんです。本社となると仕事も一から覚えなおしだし、しがらみもできる。そうなるともう辞めにくいかなと思いました。

沢木　記者の仕事を経て、それまでの自分と文章の書き方は変わりましたか？

角幡　変わったと思います。だいたい、僕は新聞記者になるまでは、文章というものをほとんど書いたことがなかった。日記もレポートもラブレターも（笑）。書くものといえば探検部の計画書や登山の報告文くらいです。だからとても苦労しました。

入社しても別に先輩やデスクから書き方をみっちり教わったわけではありません。最初は警察回りだから、事件広報の発表用紙をもって副署長に話を聞きに行く。それを短い原稿に起こしてデスクに出すと、疑問点や文章としておかしいところに赤字が入る。それを毎日、一ヶ月くらい繰り返したら、記事っぽいものが書けるようになりました。苦労したのはメモを取ることですね。大学に入ってから入社するまで、文字というものをほとんど書いたことがなかったから、人に話を聞いても字がすぐに出てこない。右手が字を忘れていたんです。

新聞記者をやってつくづく思ったのは、自分はニュースには興味がない、ということです。二、三年目で、もうすこし長い物語を書きたいなと思って、連載ものばかりやっていました。エピソードやシーンを区切って、次の話に移る展開のスピードなどは、新聞連載でけっこう鍛えられました。自分なりに考えてやってもいましたし。その連載の構成は、基本的には『空白の五マイル』と同じだと思います。

ただ新聞記事に要求されるのは、ぶつ切りで接続詞もなく無味乾燥な文章。新聞の独特の文体から抜け出して柔らかく書く難しさというのはありました。

沢木　新聞社を辞めた直後の二〇〇九年に二回目のツアンポー峡谷の探検に行き、戻って開高健賞に応募したんですよね。それより前、新聞社への就職が決まった直後の二〇〇二年から二〇〇三年にかけてはツアンポー峡谷への一回目の探検を行っていますけど、そのときには、書いたりしようとは思わなかったの？

角幡　最初は書くことは全く考えていませんでした。一回目のツアンポーは純粋に、学生の時にやりたかったことをまだやっていない心残りと、未来の自分に「若い時にこれをやったんだ」というものがひとつほしい、その思いだけで行きました。でも帰ってきてから、やっぱり探検の成果を発表したくなったんです。それには書く以外に方法がありませんでしたから、それで『岳人《がくじん》』という山岳雑誌に三万字ほどのレポートを寄稿しました。

沢木　訊きたかったのはそこなんですよ。その『岳人』に書いた文章は、今の角幡さんの文章と違っている？　五年間の記者生活が、ひとりの人の文章を変えるのかどうかということが知りたいことなんです。僕には、新聞社とか出版社とか編集プロダクションというものに入った経験がなくてわからないから。もちろん構成の仕方やなんかの訓練は受けたでしょう。だけど、文章そのものというのはやっぱり変わらないものなのかな。

角幡　読み直してないんですけど、どうでしょう。自分が出てくるところは変わらないと思います。文章のちょっとしたところに現れる素の自分は。

沢木　『岳人』に書いたものと読み比べてみたいような気がしますね。どうなんだろう。

ただ、確実に、何かを説明する能力は高まったと思う。そのことが、角幡さんの著作のとても重要な要素になっている気がするな。

すれ違う探検と冒険――『空白の五マイル』

沢木　あるとき、登山家の山野井泰史《やまのいやすし》さんと公開対談というようなことをしたことがあって、探検と冒険とはどう違うんだろうという話になったことがあったんです。角幡さんはどう考えていますか？

角幡　僕は探検は、冒険の一種だと思っています。冒険というのは、個人的な行為です。これは本多勝一《ほんだかついち》さんが言っていたことですが、主体性があって、生命の危機にかかわる行為であれば、それは冒険だと。基本的にはその通りだと思います。探検はそれに、未知の部分が加わる。自分にとってではなくて社会にとっての未知。やっぱり危険を冒して未知のことを確かめるという要素がないと探検じゃないと思う。探検にも身体的なリスク、つまり冒険であるという要素は必要だと思っています。そうじゃないと、すべてのフィールドワークが探検ということになってしまいますから。建設工事の際に出てきた遺跡の発掘が探検かというと、やはりそれは探検じゃなくて調査です。

沢木　どっちが正しいというわけではないけれど、僕は、探検と冒険を区別するのは、たった一点だと思う。探検はアウトプットを必要とする。冒険はアウトプットを最終的な目的としない。それがたとえスポンサーの王族への口頭による報告でもいいし、自然科学や社会科学の学会への報告書でもいい。プラントハンター（植物採集者）が新種のプラントを持って帰るということを含めて、アウトプットが必要とされるのが探検だと思う。冒険というものは個人的に充足すればいいので、極端なことを言えば、そこで死んでしまってもかまわないけど、探検は帰ってこなくてはならない。

そうすると角幡さんの二回にわたったツアンポー行の、一回目は明らかに探検だったと思う。未知のものを調べに行った。行って、帰ったら、『岳人』に発表しようなんて思っていたかどうかはわからないけれど、少なくとも所属していた探検部の会報のようなものに「成果」を発表しようというくらいの意図はあったと思う。『空白の五マイル』にはツアンポー峡谷への探検史年表がついているよね。角幡さんの一回目の探検は、この探検史年表にどんな一行を書き加えられるものだったんだろう。

角幡　残りの空白部を踏査、でしょうか。

沢木　そこが、きちんと書かれてないんじゃないかな。もちろん、角幡さんが行ったこと、探索したことは本に書いてあるけれど、それが探検史の中でどう位置づけられるかということが明確には書かれていない。というのは、僕の定義からすると、角幡さんのツアンポー峡谷への旅は、一回目こそが探検だったと思うからなんです。アウトプットに値する旅だった。

角幡　過去の探検家が残した空白部を探検するという自分の中での意味づけは、本文の中で書いたつもりでした。それを示すために、くどくどと過去の探検史を紹介した。資料の年表に自分のことを入れなかったのは、過去の探検家と自分との間には、社会性という意味で断絶があると感じていたからかもしれません。空白部を踏査するといっても、やり残されたものを拾うという感じが強かった。自分を彼らと並べて歴史的に位置づけることが妥当なのか。そこにためらいみたいなのはありましたね。

沢木　実際に年表に書き加えることが大切だったというのではないんです。探検史に書き加え得る探検だったかどうかということの自己分析、事後分析が大事だったということなんです。二〇〇九年の二回目は探検ではなく個人的な冒険とでも言うべきものですよね。これまでのツアンポー峡谷への探検の歴史があり、そこに在る空白に二十六、七歳の若者が食い入っていくかたちで一回目の旅は存在した。ところが、二〇〇九年の旅は、未知のものに新しいものを付け加えるという要素がない、個人的な、あえて言えば「実存的」な旅になってしまっていて、探検史と自分の探検がからみあっていくという物語からは、若干乖離《かいり》しているという感じがします。『空白の五マイル』には、角幡さんが新聞記者時代に培ったものなのか、本来持っていたものなのかはわからないけれど、独特の構成力が発揮されていて、歴史的な事実と経験したものを巧妙に織り交ぜて描いていく方法で三分の二ぐらいまでの部分はとってもうまくいっているように思えます。でも、残りの部分でかなり強引に二〇〇九年の旅が敢行され、それが付されて一冊の本になっている。かりにその旅がどれほど自分にとって「実存的」に大きな意味を持っている冒険の旅だったとしても、ツアンポー峡谷探検史という枠組みの中ではとても小さなものにすぎませんよね。極端に言えば、意味すらないかもしれない。その一回目の探検と二回目の冒険の、質的な違いについてもっと自覚的であってもよかったような気がします。

角幡　一回目の探検は、未踏の空白部に行ったという意味では、文字通り、探検でした。でも、過去の探検と僕の探検とでは、取り巻く時代や社会の状況が違う。ツアンポー峡谷なんて、二十世紀初頭までなら英国の地理学会の重大関心事でありえたけど、二〇〇〇年代の今、人々の関心を誘うような話ではない。そこに空白部があろうがなかろうが、どうでもいいことです。だから、そこをあえて探検しようというのは、完全に僕という人間の個人的な問題でした。二回目の旅は実存的な旅で、僕は「巡礼」みたいな旅だったとも思っています。

書く時の技術的な問題として、二回の旅の性格の違いをどう処理するかというのは、困りましたね。事前の構想としては、二回目の旅は一回目の旅でやり残したことを埋めるエピローグ的な扱いで書こうと思っていた。でも体験としては一回目よりはるかに強烈だったので、独立させざるを得なくなったわけです。二〇一〇年の一月七日に日本に帰ってきて、開高賞の締切が二月末ぐらい。バーッと短期間で書きました。たしかに分離感みたいなものを完全には処理できてなくて今でも別の構成、違う書き方があったんじゃないかと思うことがあります。一生に一度の旅でしたから、できれば作品として完璧にしたい。でも、あれでよかったのかな、とも今は考えています。荒々しいままにボンと放り出したことが、読者の共感を呼べたのかなと。

沢木　いや、共感ということで言えば、十分に呼べたと思いますよ。

北極に遭難隊の足跡を追う――『アグルーカの行方』

角幡　二〇一一年は十九世紀に遭難したフランクリン隊の足跡を追って北極に行きました。そのことを『アグルーカの行方』という本にまとめています。「すばる」の連載時からはかなり改稿していて、連載では自分の旅路とフランクリン隊の話を交互にしていましたけど、自分の旅を基調にし、フランクリン隊の話はだいぶ減らしました。

沢木　それはもったいないな（笑）。あれはまだ本になっていないので連載用のコピーで読ませていただきましたけど、フランクリン隊の話はとても面白かった。失礼だけど、途中で角幡さんたちの話にスイッチしないで、もっと続けて読ませてほしいと思ったことが何度もあったくらいですからね。

角幡　僕が書きたかったことは、土地の話なんです。自分にとって北極とはどういう土地なのか。自分が旅をすることで、その土地の特徴というか、象徴されているものを浮き彫りにする作業なんです。

沢木　なるほど。フランクリン隊の命運という物語性よりも、彼らが移動していった土地そのものに角幡さんの関心があったということなんですね。

角幡　そうです。彼らが歩いた土地を自分でも体感したい。どういう風景を歩いたのかを自分でも見てみたい。それによって土地に象徴されているものを見いだせるかもしれない。そこが出発点だと思うんですよ。

沢木　どうなんだろう。書く人の最初の思いと、受け取る側は違ってくるということがありますよね。この話を読み進める人は、角幡さんと友人が北極を旅していくことに身を添わしていくのか、フランクリンという人に率いられた百二十九人の運命に身を添わしていくかというと、どっちかというと、フランクリン隊じゃないだろうかと思いませんか？

角幡　連載時はフランクリン隊についての資料を調べながら執筆したので、新たに分かったことがあると、ついつい書いてしまっていたんです。だから重点を自分のほうに持って行きたいんですけど（笑）。

沢木　そうか（笑）。行動する著者としてはもっともですよね。でも、『アグルーカの行方』を構成している要素は現代の角幡さんの旅と、過去のフランクリン隊の道のり。この二つがうまく融合しているか否かが、この作品の成否を分けるところだと思うんですが、連載分を読んだだけでは有機的に統合されてないという印象を抱きました。

角幡　それは僕も途中から感じていました。初めの構成がちょっと失敗したかな。自分の旅とフランクリン隊のエピソードを明確に区切って交互に展開させるという型に、途中から縛られてしまい、堅苦しさを感じるようになったんです。だから単行本化の際は、その型をもっと緩めることにしようと決めていました。自分の旅の中にフランクリン隊のエピソードを組み込んだほうが、ストレスを感じずに話を展開させることができると思ったので。自分ではうまくかみ合うように構成を変えられたと思っています。楽しみにしててください。

沢木　本になったものを読ませてもらいましょう。連載のほうがよかったなんていうことがないように祈ってます（笑）。

僕の尊敬するノンフィクション専門の編集者が、角幡さんの『雪男は向こうからやって来た』を読んで、「あの本は本来何もないものを描いている。それをあれだけ読ませるのは大したものだ」と言っていました。雪男の存在を角幡さんはほとんど信じてはいない。だけど見た人はいる。その人たちは確かな存在感を持っている。それをどう描いていくか。角幡さんの書き方は、真っ白いものを小さな点で囲っていくとぼんやり形が現れる、という書き方なんですよね。で、果たして、その形は現れたか？　人間はなんでも見ることができるという話になれば、それで終わりというところがある。それを超えることができただろうかということなんです。

その『雪男は向こうからやって来た』とその次の作品の『アグルーカの行方』を読み比べると『アグルーカの行方』のほうがはるかに完成度が高いと思うけれど、ひとつ問題があるような気がします。『雪男は向こうからやって来た』の最後のエピソードは、角幡さんが実際に踏査し、何人かの人から話を聞いた上で、「こうだったのではないか」と想像的に書いた。それはノンフィクションにおける禁じ手に近い方法だけど一回は許される。許されると思うんです。だけど、『アグルーカの行方』でも同じことを最後にやってる。アグルーカとは何者であるのか。その情況証拠的なものをいろいろ並べ、最後にやはり想像的にまとめている。どうなんだろう。最後にこういう書き方をする作品を二つ続けて出すのはまずいんじゃないかと僕は思ったんだけど。

角幡　うーん……。僕は北極で旅の終着点とは別の意味で、旅の決着を求めていたところがありました。予定のルートから外れてもいいような気持ちでスタートしても、旅路そのものの目的がひっくり返されることは、なかなか冒険の世界では起きません。

沢木　最初にアクシデントが起きないように計画するんだから、なにも起きなくて良かったという話ですよね。

角幡　どうやら旅は予定通りに終わりそうで、どこかに旅の決着を探しました。そうしてたどり着いた、これしかないと思った結末なんですけれど。

沢木　その気持ちはよくわかります。だけど、表現としては、もうちょっと工夫できたんじゃないかな。というか、ノンフィクションとしてはもう少し実証的にやるべきだったのではないかと僕は思います。人のことだからよくわかるんだけど（笑）。『雪男は向こうからやって来た』の時は、雪男の捜索に命をかけてしまった鈴木紀夫《すずきのりお》さんが最後に見たものを、角幡さんが自分の想像力によって提示して、鈴木さんが雪のかなたに消えていく感じをスマートに表現してスパッと終われたよね。だからこそ『アグルーカの行方』はもっと無骨な終わり方のほうがよかったんじゃないかな。

角幡　でも僕の場合、雪男にしても、北極という土地にしても、事実をもとに自分が思い込んだものを描きたいんだと思います。思い込んだ世界を旅することで、自分の世界観みたいなものを表現したい。そもそも探検や冒険をする出発点が自己表現にあるから、書くことも必然的にそこに行き着いてしまう。旅をして、最後に風景と対峙した時に、どういう考えや言葉が浮かぶのか。それを書くことで、土地や人間の物語を浮かび上がらせたいと思っています。

旅の細部に嘘《うそ》が交じっていると思われたくないので、僕は自分の作品をノンフィクションと言うことにこだわっていますけど、その意味では、文芸のジャンルとしてノンフィクションと呼んでいいのか、よく分からなくなることはやっぱりありますね。

ノンフィクションの定義

沢木　ノンフィクションとは何か。角幡さんはどう定義しますか？

角幡　僕は二つの意味があると思います。ひとつは、単純にフィクションでないものとしてのノンフィクション。形式としてのノンフィクションというか、評論やエッセイを含めて小説じゃないもの一般です。

だけど、ジャンルとしてのノンフィクションというのもありませんか。たとえば事実を検証して、時代や社会を浮かび上がらせる、もうちょっとジャーナリスティックなノンフィクション。

沢木　そうですか。僕が考えているノンフィクションの定義はたったひとつで、自分が事実ではないと知っていることを事実として書かない。もしその一点が守られているなら、その文章はすべてノンフィクションです。だから角幡さんがやっているのも明らかなノンフィクションだと思います。

そこで……なにが「そこで」だかわかりませんが（笑）、「ノンフィクションとは」ということをテーマにしたこの対談の予定が決まったとき、僕のほうからお願いしたことがありました。対談で自分が語る内容に引っ掛かってきそうな本をお互いに三冊くらいあげて、先に読んでおいてもらうというのはどうだろうか。角幡さんも賛成してくれて、前もってあげておいていただいたんですけど、あの三冊を選んだ理由を説明してもらえますか。

角幡　はい。僕の一冊目はアプスレイ・チェリー＝ガラードの『世界最悪の旅』です。遭難学生の時に初めて読んだ極地もので、僕の極地観はこの本がもとになっています。遭難し人間が崩壊していくスコット隊の姿に強い衝撃を受けました。同じく大学生の時に読んだ永田洋子《ながたひろこ》の『十六の墓標』と近い感覚を受けたのを覚えています。彼女たちは理想に燃えて、正義感や前向きなところから始めてあんなことになってしまう。自分もひょっとしたらこうなっていたのかもしれない、それに近いような地続き感があって。ただ『世界最悪の旅』の世界観がずっと怖かったんですけど、実は惹《ひ》きつけられてもいた。結局これをきっかけに北極に行くことを決めましたから。

沢木　『世界最悪の旅』は、スコット隊とアムンセン隊の南極点への一番乗り争いに関する知識のない人にはわかりにくいところがありますよね。それに比べて、本多勝一さんの『アムンセンとスコット』はとてもわかりやすい。でも、本多さんは明らかにその人生を極地への探検に向けて整えていったアムンセンを肯定し、スコットの不用意性を否定している。僕だったらスコットをもう少し違った書き方で描くだろうなあ、と思って読んだ記憶があります。スコット隊の生き残りのひとりである著者のチェリー＝ガラードはわりと冷静に書いていますね。

角幡　イギリスの探検家はこういう書き方をする人が多いですね。

沢木　たとえば、アルフレッド・ランシングの『エンデュアランス号漂流』というのがあります。カトマンズのトレッキング会社の図書室で山野井泰史さんが「面白いですよ」と薦めてくれて、ギャチュンカンという山に向かうあいだずっと読んでいました。これは南極大陸横断中に遭難してしまうけど最後は生還できたという話ですよね。生還した隊員たちから著者が克明に取材して書いている。物語の完成度はこっちのほうが高いんだけど、インパクトは『世界最悪の旅』のほうが強い。角幡さんが惹かれるのもわかるような気がします。

角幡　壊れた感じが怖いんですよね。シャクルトン本人が書いた『南へ』には『エンデュアランス号漂流』よりも迫力を感じた記憶があります。でもやっぱり、『世界最悪の旅』のほうが衝撃は大きかった。この極地の恐ろしさみたいなものを追い求めたいというのが、今回北極に行った理由なんです。

これは小説ですけど、コーマック・マッカーシーの『ザ・ロード』を読んだ時にも同じような衝撃があって。すべてが破壊された圧倒的な荒野を、父と子が南を目指すというだけの話ですが、時間の重量が凄《すさ》まじい。ひたすら生きるためだけに時間が流れていく。たまたま『空白の五マイル』で書いた、ツアンポー峡谷で死を意識した体験の直後に読んだだけに、ノンフィクションでもこういうものを書けないかなと思ってしまいました。でも僕の場合、書くとしたらどこかに行かなくてはならない。別に行かなくてもいいのかもしれないけど、行きたいわけです。それで思い浮かんだのが極地でした。しかも『世界最悪の旅』で描かれた極地。ああいう過酷な荒野を旅すれば、今の自分が抱える死生観みたいなものを表現できるのではないかと思って。

沢木　そういうものが書けたらいいですよね。

角幡　僕の中の極地というのは、ちょっとネガティブで、暗く死の臭いに満ちているようなイメージがあります。それをうまく表現できないかな、とずっと考えている。でもなかなか難しいです。

沢木　それを表現するのは、取材も含めてすごくきわどいところまで行かなくてはならないかもしれませんね。

一人称で語るか、三人称で書くか

沢木　もう一冊、同じくイギリス人登山家のJ・シンプソンによる『死のクレバスーアンデス氷壁の遭難』をあげていますね。これは僕にとっても重要な作品です。

角幡　『死のクレバス』は、事前に予定していたことが現場に行って覆されてしまうという過程がおもしろい、しかも、死の一歩手前までいきますからね。僕が冒険のノンフィクションを書いていく限り、こういうことはできないと思います。同じ事故でも、冒険の現場でこうなってしまうと、帰ってこられない確率が断然高い。遭難ものには勝てないです。

沢木　『死のクレバス』はJ・シンプソンがただ自分の遭難記を書いただけならそんなにすごい作品にはならなかったんじゃないかと僕は思う。二人で山を下降中、ひとりが宙づりになって、身動きがとれなくなる。ザイルを切ればひとりは助かる。そのザイルを切ったパートナーのサイモンが「補記」のようなかたちで文章を書いてくれたことによって質的に変化したんだと思うんです。

　登山したり、冒険をしたり、極地に行ったりということを書くときは、一人称か三人称ですよね。角幡さんなら、自分が北極を旅していくという一人称で書くことになる。それが、角幡さんから話を聞いて僕が書くということになると、三人称になる。

当然、シンプソンはザイルを切られた後のサバイバルを中心に書くから一人称になる。だけど、この本が優れているのは、サイモンが切った時の気持ちやその他もろもろのことを書いてくれて、それがそのまま載っている。すると、両方とも一人称なのに、読者は三人称の視線も併せ持つことができるという、稀有《けう》な作品となった。サイモンはシンプソンに書いてくれと頼まれたとき、負い目があるから断れなかったんだと思いますけど（笑）、つらい立場にもかかわらずよく引き受けてくれたと思う。しっかり書けているし、まさにイギリス的な冷静さですね。

　僕はこれを読んだ後、『凍《とう》』で山野井泰史・妙子《たえこ》夫妻のギャチュンカンの登山を書いた。『死のクレバス』は一人称で三人称の視点を手に入れている。でも、僕は三人称で一人称のような視点を手に入れられないかなと夢想したんです。あの作品は、二人が山に関しての驚異的な記憶力があったので、かなりの程度まで僕の「夢」に近づけたような気がします。

角幡　僕はまだそこまで人称と向き合ってはないのですが、『空白の五マイル』を書いた時は、一人称的な物語を、なるべく三人称的な叙述で書くようには心がけました。乾いた感じの文章というのでしょうか。まわりの風景や自分の動き、あとは寒いとか痛いといった感覚的な情報だけで、その時の状況を伝えようと。あんまり自分の内面感情を出し過ぎると、全体的なトーンが崩れる気がしたので。話がそれますが、僕は山野井さんが、沢木さんの『凍』をどう思っているのか気になります。登山って語る必要がない行為だと思うんです。表現行為として美しいし、完璧だから。僕みたいにツアンポー峡谷という、誰も行きたくないような場所でごそごそうごめいても、その意味するところは説明してあげないと分からない。それで書こうという欲求が出てくるんだと思うんですが、登山はそれと違って、七千メートル峰の氷の壁にかっこいいラインを一本引けば、それで周りを黙らせることができちゃう。でも『凍』ぐらいの作品になると、もしかしたら山野井さんを黙らせちゃうことがあるのかもしれないって気もするんです。

沢木　よくはわからないけど、こういうことはあると思う。ある行為を自分で書けば行為そのものを書くことになる。しかし、それを他者が書くと行為の意味について書くことになる。でも、『凍』は、行為の意味ではなく、行為そのものを書いているような気がするんですね。もしかしたら、山野井さんも、妙子さんも、あれは自分たちが書いたのではないかと思っているかもしれない（笑）。冗談ですけど、そうであったらと思ったりもします。

ところで、角幡さんの三冊目ですけど……。

角幡　僕の三冊目はマーク・ローランズ『哲学者とオオカミ——愛・死・幸福についてのレッスン』です。僕がこの本を読んだのは二回目のツアンポーから帰ってきた直後でした。死ぬかもしれないという体験をし、書きたいことや価値観が壊れた、転換しちゃったんですよ。僕がツアンポーで体験したことを、この人はオオカミを飼うことで、体験しています。旅に出たりしなくても、オオカミを飼うことで野性みたいなものを自分の中に取り込める。そして価値観の転換が起き、自分でもびっくりしているところが、とてもノンフィクション的だなと思って。

沢木　残念ながら、僕はこれを肯定的には読めなかったな。そういうことってかなり珍しいことなんですけどね。ペットとしてオオカミを飼ったら、犬と違っていて驚いた。――それ以上のことが書かれているとは思えないんです。ここには批評性がないよね。オオカミを飼っている自分というものに対して、批評性が全くない。野生のものをペットとして飼う自分は、そのオオカミにとって何者なのかという視点が欠けている。一見、それらしいことは書いているけれど、そのほとんどはオオカミを飼っている自分を特別視しているだけのものだと思います。

最後のほうに、円形と直線という話が書いてあるよね。時間を直線的に生きて変化を求め続けていくと、無限に幸せを求めることがシジフォスの苦役のようなものになるけど、時間がもし円形であるなら瞬間がすべてであることにもなるという。そして、飼っていたニナっていう犬についてこんなことを書いているでしょう。「真の幸福は、いつも同じであるもの、変わらないもの、永久不変であるものにのみ存在することを、ニナは理解していた」。どうしてニナが幸福だなんてわかるの？　どうしてニナが幸福という概念を持っているなんて言えるの？　あるとき、吉行淳之介《よしゆきじゅんのすけ》さんと井上陽水《いのうえようすい》が話していて、吉行さんが「パンダって、起きたばっかりのとき、自分が誰かわかんないらしいんだよ」と言ったんですよ。そうしたら、「だからパンダって、あんなに素っ頓狂な顔をしているんですね」と受けたあとで井上陽水が訊いたんですね。「でも、それって、誰がパンダから聞いたんです？」（笑）。

角幡　ニナが幸福なのかどうかは分からないけれど、ニナの今ある状態が、犬にとっての幸福な状態なのではないかという推測はできますよね。幸福とは、楽しいとか、気持ちいいとか、そういう心地よい状態を指すわけではなくて、ニナが今ある状態が幸福というものであって、その幸福の概念は人間の生にも適用できるだろうというのが、著者の意見だと思うんです。

そういう著者の「刻まれた瞬間に生の意義は宿っている」みたいな考え方が、なんで冒険をするのかの説明になっている気がしたんですね。冒険の現場なんて、世間一般がいうところの幸福感とはほど遠いわけです。寒いし、危ないし、汚い、しかも単調な時間が延々と続く。それでも冒険者が懲りずに同じことを繰り返すのは、著者が指摘するニナやオオカミの状態に少し近づいているからではないか。僕がツアンポーの、足を滑らせれば死ぬかもしれないような、先が見えない状態で、二十四時間感じていたのは、旅が終わることがどこかで想像できないという感覚です。過去と未来が分断されて、今がすごく研ぎ澄まされて。連続してくる苦役が当たり前になっちゃった感覚が、彼が言う無限円に近づいていると思うんです。

沢木　それをオオカミ的な感覚というのとはちょっと違うような気がする。そういう風に理解してしまっていいのだろうか、という気が僕はするんですね。マーク・ローランズという人は、オオカミを特権的な存在として描き、それを飼っている自分を特権的な存在としているように思いました。ちょっと意地悪すぎる見方かもしれないけれど。

その土地での存在のあり方とは――開高健と『ベトナム戦記』

沢木　僕があげた三冊のうちの一冊は、開高健さんの『ベトナム戦記』です。これを選んだ理由は、ノンフィクションというか、ルポルタージュを書く者の、正の部分も負の部分もよく出ているように思えるからです。この作品のハイライトは、開高さんが、早朝、政府軍の兵士に解放戦線の若者が銃で撃たれて処刑されるのを見て吐き気をもよおすというところと、政府軍とアメリカ軍と共に最前線に行って解放戦線に襲われ、自分が撃たれそうになって逃げまどうというふたつの部分です。

ベトナムという現場にとって開高健という人は、あるいは開高さんのようなものを書こうとする人は、単なる邪魔者にすぎませんよね。もちろん、世界的なジャーナリストたちがベトナムに来たおかげで、アメリカが手を引くのが早まったというようなことがあるにしても、基本的にジャーナリストというのは、現場の人々や自然にとって闖入《ちんにゅう》者《しゃ》です。その闖入者が、平和な日本では見られないものを見て動揺したり、おののいたり、人生観が変わるようなことはありうるでしょうけど、ベトナムという現場にとって、あるいはベトナム人にとってそれはどう映るんだろう、という気がするんです。

その『ベトナム戦記』に付随して、できたら『輝ける闇』も読んできてもらえればとお願いしましたけど、すでに読んでいらしたのかもしれませんね。その『輝ける闇』の文庫版の解説で批評家の秋山駿《あきやましゅん》さんが、日本の戦争小説としては大岡昇平《おおおかしょうへい》さんの『野火』と開高さんの『輝ける闇』があるくらいではないか、と書いている。確かに『輝ける闇』は『ベトナム戦記』の体験をベースにして書かれています。しかし、それを『野火』と比較することは可能なんだろうかと僕なんか思ってしまうんですよね。もちろん日本軍はアジアにとってある意味で闖入者、邪魔者として存在するわけだけど、大岡昇平さんのように出征した兵隊は「余儀なく」行っている。その現場に行く際の、大岡さんの不可避性と、開高さんの任意性とは、本質的に存在のあり方が違っていると思うんです。

自ら望んでそこに赴いた闖入者でも、苛烈な体験をして動揺したり沈思したりすることに対するもうひとつの目を持ったうえで書かれていれば、いいと思う。僕は、『ベトナム戦記』のときの開高さんはこの時、すごく無防備に書いていると思う。自分をもうひとつの目でしっかり見て描いていないという気がする。

角幡　戦争に参加することによって、開高さん自身が、崩壊し、解体され、粉砕されたっていうことが何回か記されていますよね。『輝ける闇』には、荒地を失ってしまった、とある。荒地というのは、彼が終戦の時に体験した、焼け跡に死体が転がっていたり餓死した人がいたりという、『日本三文オペラ』なんかでも書いている風景。彼の心象を形作っていた荒地が戦後の日本からなくなってしまって、生の希薄さみたいなものを感じてベトナム戦争に行ったのではないか、と僕は理解しています。

沢木　そうだとすると、「ベトナム戦争さん」が迷惑じゃないかな（笑）。さらに、『輝ける闇』に出てくる要素は『ベトナム戦記』に書かれたものが大半で、まったく新しいのはサイゴンの女の子との交情だけと言えるくらいですよね。『輝ける闇』は『ベトナム戦記』を文学的に昇華した作品だと言えるんだろうか。

角幡　でも僕はわかるんですよ。開高さんがやりたかったことや気持ちと、僕は近いと思う。でも、僕と開高さんは立場が違う。開高さんは結局ベトナムでは、行為者ではなくて記録者だったんです。誰かが事を起こす戦争というものに自分がくっついて行って記録している。僕の場合は、自分で戦争を起こす立場にある。自分で探検をして、それを作品にする。開高さんはベトナム戦争をコントロールできなかったけど、僕は自分の探検をある程度作り上げることができてしまう。開高さんは、記録者であり、ジャーナリストであったと思う。

沢木　もちろん、そうですよね。ただ、今回読み直してみると、取材を一生懸命していて、心を動かされたんですよ、いじらしい感じがして。開高さんに「まるで俺より年長者みたいな言い方をするな」って叱られそうだけど（笑）。可能な限りいろんなところに行って取材をして、そして、解放戦線に襲われるというところまで行く。ただ、あの襲撃されて命からがら逃げるというシーンには、「ああ、これでレポートを書き終えることができる」と思った感が、濃厚にある。僕なんかにも共通したいやらしさなんだけど、ベトナム人にとってその態度はどうなんだろうと思うんです。

取材をしている自分、旅をしている自分、遭遇した事実にリアクションをしている自分、それを無批判には提出できないし、すべきでもないと思う。ノンフィクションの書き手には、政治的だったり、倫理的だったりする立場とは別の、もうひとつの目が必要な気がします。

事実以上のことはない——本多勝一のノンフィクション魂

沢木　本多さんの本は読んでいますか？

角幡　もちろん本多さんの冒険論にはめちゃくちゃ影響されています。最近、本多さんの若いころのルポルタージュが文庫にまとまったんですよ。冒険論、遭難報道についてと登山論で一冊。その解説を書くお話をいただき、十数年ぶりに読みました（『日本人の冒険と「創造的な登山」』）。僕は本多さんの冒険論を自分は超えたと思っていたんです。でもそれは、実は本多さんの焼き直しにすぎなかった。愕然《がくぜん》としました。

沢木　僕は三冊のうちの一冊として本多勝一さんの『極限の民族』を選びました。それは、開高さんの『ベトナム戦記』が現場報告としてのルポルタージュの典型だとすると、『極限の民族』は現場報告としてのルポルタージュに、民族学的なものも含めた「知識」の取材を織り混ぜてノンフィクションに仕上げた、すばらしい作品だと思うんですね。本多勝一さんは、ノンフィクションを書く人たちにとって、ものすごく重要な人のはずです。この人が、ノンフィクションに厳密性をもたらしていなければ、もっとノンフィクションの書き手たちはルーズだったと思う。少なくとも僕には文章を書くうえで本多さんの目に対する意識がかなりありました。

たとえば本多さんは、真実という言葉を使うのはやめようと言います。事実でいいんだと。事実の集積のあとに、事実を超えた真実があるなんていう必要もない。事実のあとにはやはり事実しかない。まったくその通りだと思います。ただ、僕は真実という言葉をどうしても使わざるを得ない局面があるような気がします。しかし、そうだとしても、ぎりぎりまで我慢して可能な限り使わない。そういう言葉ひとつのことをとっても、本多さんの目を意識することが多かったんです。

角幡　梅棹《うめさお》（忠夫《ただお》）さんとの対談で、本多さんは論理のない人間はだめだというような発言をしていました。本多さんの本を読んでいたのは学生の時ですが、あの論理の鋭さには魅せられました。論理を武器みたいに磨き上げれば、世界を切り分けていくことができる。

「ニューギニア高地人」の中で、外国人が通ったことのない交易路を探検する場面がありました。でも情報に間違いがあって、実はアメリカ人の宣教師が行ったことがあった。それを聞いた途端、本多さんは、もう探検の論理としては意味がないから引き返しちゃう。このシーンは印象的でした。もうちょっとでゴールなんだから行けばいいのに。しかも、突然引き返すことにしたもんだから、地元の人が一緒について来てくれなくて、途中で道に迷って遭難しかけちゃう。彼ぐらい論理を武器にしたら、それこそ命がけなんですね(笑)。

沢木　僕だったら、やっぱり行くんだろうなあ。というか、僕はひとりで行けないところは行かなかったから、そういう問題は起きなかったかもしれないな。

で、僕の三冊目は、ドミニク・ラピエール&ラリー・コリンズの『さもなくば喪服を』をあげました。

角幡　これはたまたま読んでました。

沢木　僕はこれまでにずいぶんとノンフィクションを書く人や編集者にこの本を薦めてきました。ノンフィクションの書き手が到達した最高の作品のひとつだと言って。『さもなくば喪服を』は、エル・コルドベスという闘牛士の晴れ舞台の叙述の中に、彼の来歴を含めたスペインの歴史を交互に入れ込んでいく。角幡さんの、フランクリン隊の物語を自分の旅の間に挿入していく『アグルーカの行方』の構成とよく似ています。

僕は、二十代の初めの頃に、プロゴルファーの尾崎将司《おざきまさし》さんのある大きな試合をいくつかのパートにカットして、その間に彼の人生を挟み込んでいくというスタイルで「儀式」という短編を書きました（『激しく倒れよ〈沢木耕太郎ノンフィクションI〉』所収）。書き終えた何年か後に『さもなくば喪服を』を読んで、同じことを考える人がいるんだ、と驚いたんです。しかし、スケールといい、完成度といい、比較になりません。『さもなくば喪服を』は、ひとつの際立った状況の推移の中に、大きな物語を挟み込んで構成するというノンフィクションの見事な完成形ですね。

角幡　闘牛の試合は、時間的には一時間か二時間ぐらいでしょうか。その短いたった一回の試合が、スペイン内戦からエル・コルドベスの来歴にいたる長い物語に拮抗《きっこう》しているところが、この作品のすごいところだと思います。もちろん書き手の筆力なしには語れませんが、スペインの歴史という重みに耐えられるだけの厚みが、エル・コルドベスの晴れ舞台にあったんだと思います。『アグルーカの行方』は構成は似ているかもしれませんが、僕の北極探検は百三日間もありました。一瞬の厚みという点では、エル・コルドベスとは違うのかなという気がします。

沢木　『ベトナム戦記』から『さもなくば喪服を』へ。この二冊の間にノンフィクションというものの幅があるような気がします。『さもなくば喪服を』は、スペイン内戦の歴史も含めて、インタビューや取材したものを完璧に再構成している。本多さんの『極限の民族』の場合には、体験したこと、取材したことを再構成するけれど、ここまでは徹底していない。たとえば、オスカー・ルイスの『貧困の文化』や『サンチェスの子供たち』のような、文化人類学、社会人類学のようなものは『さもなくば喪服を』に近い。でも『極限の民族』は、本多さんの好みでいうところのルポルタージュに踏みとどまっている。その間のどこかに、角幡さんの『アグルーカの行方』があるという感じかな。

行為者と書き手という意識の問題

沢木　僕には熱量ということばで理解していることがあります。ノンフィクションは、対象の熱量が大きければ、書く人がわりと未熟でも、作品として成立することがありうる。たとえば、ものすごく有名な人だったり、大きな事件や出来事であれば、ちょっとくらい書き手が下手なことをやっても、対象の熱量の大きさでもってしまうということがある。

でも、角幡さんの最初の作品の対象は、普通の人にとっては熱量なんて全然ないも同然のものですよね。ツアンポーなんて誰も知らない。いくら探検史においては有名な土地だったと言われても、こんな人がこんなことをしたんだと言われても、へぇー、そうなんだ、というくらいの話でね（笑）。『空白の五マイル』にあるのは角幡さんの熱量だけと言ってもいいくらいだと思う。つまり、角幡さんは自分の熱量だけで最初からここまで読ませるものが書けたんだから、これから先、何でも書いていけると思う。なんだか、けなしているんだか、褒めているんだかわからないかな。褒めているんです（笑）。

角幡　それはすごくうれしいですね。文章だけで面白いと言ってもらえることが理想です。ただ、実は最近、特に自分以外のことを書くことがすごく難しく感じるようになってしまったんです。自分を投影しているだけなんじゃないか、という気がしてしまって。そういうのは沢木さんはなかったんですか。例えば若いころに、人物ルポをたくさん書かれていて、旅に出ますよね。で、「私」には何もないことに嫌気がさした、みたいなことを書かれていました。

沢木　嫌気というか、自分が空っぽの人間だな、という感じですね。人の話を聞くことはできても、語ることは何もないなあ、っていう感じはあった。

ノンフィクションとは自分が事実ではないと知っていることを事実として書かない、というのが僕の考え方だと言いましたよね。そのルールに従ってこれまでノンフィクションをいくつか書いてきました。もちろん書いたものは僕の作品です。でも僕の場合は、自分はその世界に対して本質的な存在ではないという感覚が、常にどこかにあったんだと思います。少なくとも自分はその世界の創造主ではない。

やっぱり作ったものに対して、自分が本質的な存在であるということが願望としてあったんでしょうね。そういう存在になる簡単な方法は、フィクションを書くことです。フィクションなら、書き手は書いた世界にとって創造主として本質的な存在になれる。でもすぐに小説に向かわなかったのは、この現実の世界において本質的な人間になることを望んでいたからだと思います。そして、『一瞬の夏』を書いたときに、その願望は一応達成されました。書き手が現実の世界の中で本質的な存在であるとはどういうことかということに対する探求は、そこで終わった気がするんです。

ただ、僕は、その世界で本質的な存在として生きることができるなら、極端に言うと、書くという行為がなくても問題はないと思っていたようなところがあってね。あそこでは生きることのほうが重要だったから。

角幡さんの場合は、ある土地において探検という行為を通じて鋭く対峙した後で、書くという問題が出てくるよね。

角幡　僕は二回目のツアンポーで最後、激流の川を渡るかどうかという局面がありました。結果的にはその必要がなくなりひと安心していた時に、川を渡ったほうが面白かったんじゃないか、と思った自分がいた。そのことにぞっとしたんですよ。これは絶対に作品にするんだという気持ちがあったので、書くことを意識してそう思った。川を渡っちゃったほうが面白かったじゃん、と。

探検をしている間も、ジャングルの中をはい回っている最中に、自分で自分の行動を実況中継しているんです。「今、滑りそうな岩の上に右足をおいて、木をつかんで、折れないか確かめながら体を引き上げた」と、心の中でことばにし直している。

書くことを意識してふるまう。それは行為者としてどこか不純なんじゃないかとも思うんです。潔癖すぎるかもしれないですけど、少なくとも、そのことを常に意識しておかなくては、行為におけるノンフィクション性を保てない。何しろ自分が創造主ですからね。やろうと思えば探検そのものや、現場での立ち振る舞いに至るまで、都合よく編集できちゃうわけです。

ツアンポーから帰ってきてから沢木さんの文章をふっと思い出しました。

「ひとたび『物書き』になってしまった以上、さりげない旅などできはしないのだ。『物書き』は『物書き』としての旅以外のものはできない。有名無名、顔が知られているとかいないとかの問題ではない。（中略）『物書き』には、当り前の旅行者が持っている、旅そのものが目的というところからくる切実さが欠けているのだ。『物書き』が紀行文においてさりげなさを装うことは欺瞞《ぎまん》にすぎない」（「一点を求めるために」『夕陽《ゆうひ》が眼にしみる』所収）

まさに書くことを前提とした行為の不純性とでもいうべきものが、ここではしっかり指摘されています。沢木さんは『一瞬の夏』や『深夜特急』の時、その辺をどうされていたのか、気になります。

沢木　『一瞬の夏』は、すべてが終わってから書くことを決めたので、行為者でありながら書き手であるということはなかったんです。きっかけは登場人物の一人である僕の友人のカメラマンでした。彼は柔らかい雰囲気の持ち主で、無言だけどいつも一緒にいてくれて、時々気が向いたらシャッターを押す。彼がいてくれたから、僕とカシアス内藤の関係は決裂しなかった。エディ・タウンゼントさんも僕もカシアス内藤も、彼がいつもいてくれてなんとなくシャッターを押すことに違和感がなかった。

一年後、すべてが終わった後に、彼にスライドで写真を見せてもらったんですね。僕たちの日常が、エディさんと内藤を中心に写されていて、僕もときどきその映像に入っている。それだけがえんえんと続くだけなのに、なにか素晴らしい物語を観《み》ているようで、ああ、これを書こうと思った。当時あった「月刊プレイボーイ」の編集者たちに写真を見せたら、すぐに十数ページのグラビアで掲載が決まって、『一瞬の夏』はそこから始まりました。

それにしても、「月刊プレイボーイ」がいまもあったら、あそこの人たちは角幡さんの『アグルーカの行方』を自分たちの雑誌でやりたがっただろうな。本当に熱い編集部だったんです。

角幡　カシアス内藤さんとかかわっている間は、自分の中の第三の目、ライターとしての目はそんなに意識しませんでしたか。

沢木　カシアス内藤とは今に至るまでぐずぐず付き合っています。僕は男兄弟がいないから、どこかで彼のことを弟のように見ているんだろうな。「まったくしょうがないな」とか言いながら。そこには、書く書かないよりも濃密な関係性があったように思う。だから、書き手としての目があったかどうかといえば、なかったということになるかもしれませんね。

でも、『深夜特急』は、僕の書いているノンフィクションの中では、ちょっとタイプが違うんじゃないかと思っています。『凍』の少し前、といっても十年ぐらい前に、『檀《だん》』を書きました。そのときの僕の主要なテーマは、「深さ」なんです。関心の多くは人間の内面に向かっていました。人間の内面をノンフィクションでどこまで深く書けるだろうか、というところで『檀』を書き、そして今度は、三人称で一人称の深みを書けないかと『凍』に向かっていきました。

というように、僕はノンフィクションを書くうえで少しずつ実験をしてきたけれど、『深夜特急』には実験性は何もないんです。

角幡　僕は、沢木さんは書こうという意図があって旅に出たのだと思っていたんですすけど、今回読み直して、四巻目ぐらいまでは、本当に書くつもりはなかったのかもしれないと思いました。五、六巻で旅の決着を求めるあたりから、この決着の求め方はライター特有のものなんじゃないかなと思いました。

沢木　旅の間、大学ノートに金銭出納帳をつけていたんだけど、ギリシアでノートがなくなっちゃって、新しいノートを買ったんですよ。そのノートの一番後ろに目次が書いてあるんです。「I／六十セントの豪華な航海―香港《ホンコン》」なんていう項目が四十ぐらい。だから、文庫版で言えば五巻あたりのギリシア以降で、おっしゃる通り、旅の収拾を考えながらそれを書いていたんでしょうね。

『深夜特急』は送った手紙をみんなが取っておいてくれたということも大きかった。特に頼んでおいたわけではなかったけれど、出した相手がみんな取っておいてくれたんですね。それは、僕の書いた手紙に何か、書こうという意志のようなもの、を感じさせるものがあったのかもしれないな。

角幡　日記は書かれてないんですか。

沢木　日記は書かなかったな。日記よりも手紙のほうが有効なんだよね。なぜかというと、相手に理解してもらうためには、状況をしっかり書き込まないと伝わらない。日記だと自分で了解していることだから。角幡さんは記録はどのようにつけるんですか。

角幡　僕は記憶力が悪いんです。だからとにかく日記をつけますね。テントの中で、下手したら一時間ぐらい書いているときもあるくらい。苦痛以外のなにものでもないです。でも、それがないと全部忘れてしまうから。写真を撮るのも誰かに見せるためではなく、自分のための記録、記憶装置ですね。自分の記憶力にまったく信用を置いていないんです。

沢木　そうなんだ（笑）。会話は記憶できるんですか？

角幡　会話は、北極に関しては、おもしろい会話は全部ノートに書いています。でも、チベットに行った時の会話は記憶。僕の中国語は片言だし、身振り手振りを使って相手が言っていることを三十分ぐらいかけて理解しました。ポンポンポンと会話が続いているようには書いてますけど。そういうやり取りがあったからこそ、覚えていますね。

沢木　もし、まったく不吉なことだけど、足腰が立たなくなってどこにも行けない、探検なんてとてもできない、でも何か書いてごらんと言われたら、フランクリン隊の話のようなものを、書物や文書だけで取材して書いていくというのは、いやだと思う？

角幡　それは思いません。むしろ楽になったと感じるかもしれない。僕は命をかけるぐらいの気持ちで探検をして何かを書くのは、あと二、三年ぐらいだと思ってるんです。熱いものをもって何かを書ける期間というのは、そんなに長くないような気がしていて。自分の一番脂がのっている全盛期というか。そういう時代は、沢木さんは今も続いているんですか。

沢木　僕？　どうなんだろう。考えたこともなかったけど。
どうしてこんなに書けたんだろう、と思う時期はほんの一回だけありました。長い旅から帰って、二十六歳から二十八歳の二年間ぐらいです。あとはごく普通だけど、でも、いまでも全盛期とやらが続いていると言いたいね（笑）。

角幡　読者として読むと、『一瞬の夏』が一番熱い（笑）。

沢木　それはやっぱり人生を入れ込んでいるから。そして生きることが面白かったから。そういう幸せな、人生のある一時期を写し取っただけで作品になってしまうなんていう局面は、残念だけど二度とはないということですよ。
一九七〇年代にデビューした山崎《やまさき》ハコさんという女性歌手がいます。最初のアルバムが素晴らしい出来で、でも二枚目、三枚目はなかなかヒットしない。山崎さんがあるときこう言っていました。「それは当たり前だと気づきました。だって十七歳の全人生が最初の一枚にはこもっていたんです。そのあとの一年、二年をこめたものより一枚目がいいに決まってる。そう思えるようになりました」
だから、「私（わたくし）」という存在が不可欠な書き物だったら、二十代のそれまでの自分のすべてが詰まったものと、それ以後の作品では熱量が違って当たり前と言えるかもしれませんよね。
二十四、五歳の頃に与那国島《よなぐにじま》に行って『調査情報』の文章を書いたんだけど、十日間足らずのことで二百枚も書いて、まだ書くことがあった。『深夜特急』は一年間のことで千枚以上あるかな。でも今、一年間旅をしても、百枚も書けないかもしれない。たとえば、『一瞬の夏』の時と同じようなことが今起きたとして、あの上下二巻にするほどのことは、今の僕には書けない。年齢もあるだろうけど、一回経験してしまったことに対する、こちらの心のざわめきみたいなものの存在ということも関係しているかもしれない。

角幡さんも、これから、ある経験によって類推でき、予測できてしまうことをさらに超えていかなくてはならない。その繰り返しをどこまでできるか。でも、角幡さんはあと二、三年、四十歳ぐらいまでかなって言うけれど、ひょっとしたらそうじゃないかもしれないよね。

角幡　まあでも、ずっとこんなことやってもしょうがないので。

沢木　いや、「こんなこと」を永遠にやれたら(笑)、とてもかっこいいよ!

角幡　次はまた北極に行きたいなと思ってるんです。『アグルーカの行方』の北極行は計画通りに無事、終わりました。書きあがったものも、体裁、構成といったテクニカルな部分を含め、一番よく書けたと思っています。でもなにか、これではだめなのかなという思いがある。

やっぱり一皮むけたいんです。でも同じやり方では同じものしか書けない。もう先が見えないことをやるしかない。次は冬の北極に行きたいと思っています。極夜《きょくや》だから太陽もないし、磁極が近いのでコンパスも効かない、何も見えない。はっきり言って何が起きるか分からないし、太陽がないので方角を決められるのか、旅ができるのかどうかも分からない。GPSも持っていかないつもりなので。そんなところに行ったって、何か書けることがあるのか自分でも疑問です。でも行きたい。イヌイットはそういう世界で生きてきたし、昔の探検家は越冬していました。たぶんそこには人間が生きることのできる極限の世界がある。それを単純に見てみたい。

去年、北極を旅した時は、絶対に作品化するんだという気負いがありましたし、それ前提の旅でした。でも次は書くことを意識しない、少なくとも前提にはしないで行きたい。何回か行って、何かが見えた時に書ければいいかなと思っています。

沢木　移動していくことによって、見えてきたり理解することができてくるっていうことが、文章として結実するようならとても素晴らしいと思うけど。そこには、何か謎が欲しいような気がするね。

角幡　主題ですか？

沢木　主題かどうかはわからない。自分の内部にある謎があり、自分が歩いていくことで謎が少しずつ解けていく。自分も変化していく。たとえば、『哲学者とオオカミ』で著者がやりたかったことの、もっと理想的なことが土地でできるといいと思いますよ。

土地を移動し謎を探求する、そういうことが自分の思考を研ぎ澄ませてくれて新しいものが開けていくというのだったら、そういう作品をぜひ読んでみたい。

角幡　そのためにも予期しなかった新たな知見をもたらしてくれる場所に行きたいですね。沢木さんのノンフィクションは、これからどうなるんでしょうか。さらに〝深さ〟を求めていくんですか。

沢木　僕は、いわゆる純然たるノンフィクションの作品を書いているように見えるようなときでも、行為をしている自分が面白がれない仕事はしてこなかった。檀ヨソ子さんという方と一年間付き合うことが面白くなかったら、『檀』はやらなかったと思う。で、それは人の話を聞くことであり、広い意味で旅をすることでもあった。その意味では、角幡さんが探検という行為を通してノンフィクションを書いていくということと、僕はそこまで激しい行動はとらなかったけど、どこか似ている部分はあったと思う。

今、自分で進めている作業が一つあるんですけど、さっき偉そうに話したことが若干、達成されています。歩くこと、そして何かを知ることで考える、そしてもう一回歩きなおすということを、この三年ぐらいやっているんですね。

異国のある場所を訪ねては改めて知ることがある。そのことを日本に帰ってきて反芻《はんすう》して考えて、また足を運ぶ。そろそろ決着がつくでしょう。それは激しい冒険とは違うけれど、行為と思考と取材がわりと理想的に循環して、奥深くに到達できそうな感じです。僕にとって新しい作品になるかもしれないと思って、その大詰めに向かって歩いているところなんです。

（二〇一二年七月二六日、神楽坂《かぐらざか》にて）

初出　「考える人」二〇一二年秋号［NO．42］二〇一二年一〇月四日刊行（新潮社）

対談

「たったひとつの信じるもの」×増田俊也

増田俊也（ますだ・としなり）　一九六五年生まれ。小説家。北海道大学中退。北海タイムス社、中日新聞社を経て二〇〇六年『シャトゥーン ヒグマの森』（宝島社）で「このミステリーがすごい！」大賞優秀賞受賞。一二年『木村政彦はなぜ力道山を殺さなかったのか』（新潮社）で大宅壮一ノンフィクション賞と新潮ドキュメント賞をダブル受賞。一三年、北大柔道部時代の生活をモチーフとした自伝的青春小説『七帝柔道記』（角川書店）で山田風太郎賞最終候補。他著に『VTJ前夜の中井祐樹』（イースト・プレス）、編著に『肉体の鎮魂歌』（新潮社）など。

増田　最近、このデジカメ買ったんです。（画面を見せながら）これは、昨日、大学の同期とご飯食べてるときの写真です。

角幡　大学の同期というと、『七帝柔道記』に出てくる北大の人たちですか？

増田　そうそう。これが竜澤《たつざわ》（宏昌《ひろまさ》・北大柔道部元主将）で、これが松井《まつい》（隆《たかし》）君で、これが宮澤《みやざわ》（守《まもる》）です。

角幡　ああ、何か……イメージ通りですね。実は僕、柔道が好きで全日本選手権なんかはよくテレビで見たりしているんです。

増田　そうなんですか。柔道の試合も、この小さなカメラで撮影できるんですよ。F2・0でレンズが明るいから屋内での試合でもシャッター速度稼げるんです。

角幡　僕も新しいカメラを買おうと思っているんですよ。真っ暗な北極で使えるカメラがないかなと探していて。でも寒いからすぐにバッテリーが上がっちゃう。

増田　バッテリーって、かなり温度に左右されるんですよね。

角幡　ええ。北極だと二、三枚撮っただけで撮れなくなっちゃうんです。温め直さないと使えない。この前、北極に行った時はすぐに壊れちゃって写真がほとんど一枚も撮れなかった。

増田　二、三枚しか撮れないって、やっぱり想像以上の極寒なんですね……。そういえば、北極から帰ってきて写真を角幡さんがパソコン上でスクロールして見ようとしても、何度やっても射殺したジャコウウシの写真の前で必ずパソコンがフリーズして見れなくなってしまうというオカルティックな話をどこかで書かれていましたね。

角幡　よくご存知ですね（笑）。それでパソコンを持ってお祓《はら》いに行ったんです。

増田　都内の牛天神《うしてんじん》に行ったと（笑）。北極圏で撃ち殺したジャコウウシの親子ですが、あの時は、「とにかく生き物の肉を食いたい」という衝動が抑えられなくなって撃ちに行ったんですよね？

角幡　動物が出てきたら肉が食えるなんて話をしながら、それこそ目を皿のようにして歩いていたんですけど。いざ出てきて殺すとなったらちょっとビビってしまって。こんなでっかいのを殺しちゃってと。こんな立派な動物の命を奪うことが許されるのかという罪悪感がやはりありました。

増田　肉を食いたくなるっていうのは、すごく寒い中で身体を動かしていると、身体が肉や脂を欲するようになるんでしょうね。

角幡　一日五千キロカロリーの食糧を用意していました。

増田　五千キロカロリー……。

角幡　ええ。氷点下三十度から四十度の極地で重いソリを自分で引いて歩き続ける……、身体の反応という意味ではすごく面白かったです。北極に行く前は脂肪を蓄えて太らせておくんです。それがある程度エネルギーになってくれる。出発前にいろんな人から、「そんな身体じゃダメだ。太って行ったほうがいい」と言われて。和泉雅子《いずみまさこ》（日本女性初の北極点到達）さんも北極に行った時は丸々太って行って、帰ってきた後も変わってなかったという（笑）逸話があるんですけど、とにかく太るために夜中にラーメン食べたりプロテインを飲んだり、七、八キロぐらい太って行ったんです。でもそれが二十日間もすると無くなってしまう。ただ、行ってしばらくの間は環境が過酷だから、性欲がすごかったんです。

増田　性欲が？

角幡　ええ。もう中学生みたいになっちゃって。だから、もしアレでお悩みの方はぜひ北極に（笑）。よく身体が危機感を覚えたら性欲が高まるって言われますけど……。

増田　DNAを残したいという本能的なものでしょうか。

角幡　たぶんそれだと思うんですけど、もう、処理に困るぐらいで。歩きながら、いやらしいことばかり考えていました（笑）。で、それがある日、パタリと無くなって、食べ物のことしか考えられなくなっちゃって。朝飯食べても昼飯のこと、昼飯食べても夜飯って、ずーっと食べ物のことばっかり考えてしまうようになりました。

増田　まるで減量中のファイターですね。身体の脂肪を燃焼し尽くして、性欲から食欲に切り替わってしまうんですね。本能にも優先順位があって、やっぱり最後は食欲だけに収斂《しゅうれん》されるんだ。そうだ、思いだした。野田知佑《のだともすけ》（カヌーイスト）さんの本に、たしかユーコン川だったと思うんですけど、下っている途中で体調が悪くなって、どんな薬をのんでも改善しなくて、何が原因か分からないまま、ある日、ラード（獣の脂）を鍋いっぱいに溶かしてゴクゴク飲んだら一気に良くなったと書いてありました。人間の身体は極寒の地だとそれだけで高カロリーが必要になるんですね。その時に、段々スイッチが生きる方向に……基礎代謝の生きるだけのほうにスイッチが入った時に、ジャコウウシを食べたくなったのかも……。

角幡　ええ。だってホッキョクグマが二回テントに来たんですけど、二回目に来た時がもう一番の空腹のピークで、その時は、シロクマでもいいから食いたいって思うぐらいでしたからね（笑）。

増田　それは凄《すご》い。自分を食いにきたホッキョクグマを逆に食ってやろうと（笑）。やっぱり炭水化物、パンとかごはんとかじゃなくて肉に関心がいくんですか。

角幡　何でも良かったんだと思うんですけど……、やっぱり肉……。ジュージューとフライパンで焼くことを想像してしまいます。あいつを殺したら、美味《うま》い小熊の肉が食えるんだなって。モラルもへったくれも無くなっちゃう（笑）。一緒に行った荻田《おぎた》（泰《やす》永《なが》・極地冒険家）君は北極ばかり行っているスペシャリストですけど、彼にとってもその時ほど飢えたことはなかったみたいで、もし僕らのどちらかが死んだとして、自分のウンコを食べるか死んだ肉を食べるか、なんで人間ってウンコを食べないのかなぁ、という話をしましたね（笑）。犬ってウンコを食べるじゃないですか。ウンコを食べないのは、よくよく考えればもったいないないなと。

増田　はっははは（笑）。でも、非常食のストックはあるわけですよね？

角幡　全然足りないんです。食べているから死にはしないと思うんですけど、やっぱり足りない。たぶん一日七千から八千キロカロリーは使っていると思います。だからどんどん痩せていく。あれはやっぱり……ちょっと特殊というか、極地の寒さがあるからこそだと思います。チベットに行った時のほうが食べないから痩せたんですよ。でも北極のように寒くないから動ける。荷物が少ないせいもありますけど。

増田　『アグルーカの行方』では、一九世紀に地図のない北極圏で百二十九人全員が行方を絶ったとされる英国のフランクリン探検隊の足跡を追っていますよね。船を棄《す》てて仲間の死肉まで食って……。角幡さんが実際にそこを千六百キロ歩くことでしか得られない視点が見えてくる、素晴らしい作品でした。

角幡　極地は他の地域とは違う特殊性があるんです。登山だったらヒマラヤでもベースキャンプがあって一回高地順応して、三日とか四日でキャンプに戻って休んでからアタックする。長くても五日とか一週間というスパンです。極地の場合はずーっと六十日間動き続けて、休む暇がない特殊な旅の仕方で。そこに魅力もあるんですが。

増田　角幡さんは北海道出身ですが、ご実家は札幌《さっぽろ》なんですか？

角幡　いえ、実家は芦別《あしべつ》っていう旭川《あさひかわ》の隣の田舎町です。元々、石炭が出るところで、僕が生まれた時はまだ生産はしていましたけど斜陽産業で、これからどうやって町を立て直すかという時期でしたね。

増田　旭川のそばだったら最低気温も下がるし、最高気温もあるから寒暖差五十度ぐらいですか。旭川は最低マイナス三十度くらいまで下がることがありますけど。

角幡　いえ、旭川とは気候が違って、芦別はどんなに寒くてもマイナス十五度くらいだと思います。旭川ほどは下がらない。増田さんはなぜ北大に行かれたんですか？

増田　まぁ……逃げたんですけど（笑）。内地のすべてのしがらみというか因習とか、いろんなものから。父親は警察官で、僕が高校を出る時に愛知県警の受験願書を持ってきて「大学なんて行かずにそのまま警察官になれ。刑事になれ」と言われて「いや、大学に行ったあと警察官になる」と嘘言って逃げたんです（笑）。大学進学率百%の高校なのに、そのまま警官になれという父親の横暴も滅茶苦茶《めちゃくちゃ》ですよ（笑）。僕は、でも怖くて逆らえなくて嘘言って（笑）。

角幡　ほんとに怖かったんですね（笑）。

増田　怖かったです（笑）。それで僕は七帝柔道に憧れてたから、とにかく遠い旧帝大へ逃げて柔道をやろうと、それで北大に行きました。ホッキョクグマの生態をやりたい気持ちも強かったから、北大しかないなと。北大には有名な北大ヒグマ研究グループがありますから、クマの研究にかけては世界最先端で。で、モラトリアムも延ばしたいから僕は北大に二浪で入ろうと思って、父には勉強やってると嘘言って自分の部屋に隠れて本ばかり読んでた（笑）。『七帝柔道記』には入学前のことは書かれてないけれど、高校三年間と二浪の二年間、合わせて五年間で本気で勉強したのは二浪目のときの三カ月くらいで、あとは小説や自然科学の本ばかり読んでるいい加減な浪人生活でした（笑）。北大柔道部に入る前は僕は努力を小馬鹿にしてる斜に構えた少年だったし、医学部や東大目指してる高校の同級生はすごく努力してましたけど、僕は呑気《のんき》なものでした。時代も時代でしたし、たくさん浪人したほうが格好いいみたいな雰囲気の高校で（笑）。でも、いま思うと、浪人時代に読んだ膨大な読書量がすごく活《い》きてきています。睡眠時間を三時間に削って本ばっかり読んでましたから。

角幡　そこまでして読書をしなくても（笑）。

増田　いま活きてますから（笑）。当時の北大には僕みたいに内地の進学校から飛び出して敷かれたレールから逃げてきた高校生がごろごろ来てましたけど、逆に北海道の闊達《かったつ》な高校生は、東京の大学に行きたがりますよね。優秀な人はみんな東京へ行きたがる。北海道から離れたがって。角幡さんも早稲田に進学されたのは何か衝《つ》き動かされる、地元から離れたいっていう思いがあったんでしょうか。

角幡　僕の場合は、実家がスーパーマーケットだったんです。今は無くなっちゃったけど。四人兄弟で男兄弟の中では長男で姉はいるけど、一応、跡取り息子ということになって、それをはっきりと言われたわけではないですけど、何となくそういう雰囲気を感じるわけです。とにかく、それが嫌だった。なるべく早く実家から出て東京に出たいという気持ちがすごく強かったです。北海道に戻るっていう考えは最初からなかったですね。

増田　僕も父親の「警察官になって家を継げ」という圧力から物理的に距離を置かないと、この束縛からは逃れられないと思ったんです。角幡さんは早大の二年生から探検部に入られましたね。「世界の可能性を拓《ひら》け」というビラを見たそうですね。

角幡　何か人生を懸けるようなものを探していたんです。それでたまたま探検部に入りました。

増田　山は高校時代は全然、経験が無かったんですか。

角幡　まったくないです。探検部に入った時点でも登山には興味はなかった。山なんてやらないで探検したほうがいいんじゃないかと思っていたくらいで。でもやってみたら面白かった。

増田　角幡さんは、生と死と冒険ということについて、何度も繰り返し書かれてますね。それは極地のようなギリギリの場所や状況で自分の存在意義というか生きていることの意味を確かめたいという思いもあるのでしょうか。

角幡　なぜ探検部に入って、その後も探検をやるようになったのかっていうのは、結局、生きる形というか、人生をどういうふうに自分で組み立てていったらいいんだろうかという思いから始まっているんです。とにかく人が敷いたレールの上に乗るような人生は嫌だったのと、自分だけのオリジナルな生き方がどこかにあるんじゃないかという気持ちがすごく強かった。

増田　きっとファイターもそうだと思うんです。結果はどうあれ、愚行と言われても自分で決断したいという。

角幡　僕も人生にロマンみたいなものを求めていたと思うんです。しかも、後から自分がやったことを書いて表現することを始めると、なぜ自分はこんなことをしているのかということを考えざるを得なくなってしまう。それを言葉で説明したいという欲求がありました。特に最初の本、『空白の五マイル』（チベット・ツアンポー川流域の「空白の五マイル」と呼ばれる未踏区間に挑む）を書いた時はその思いが強かったですね。

増田　『空白の五マイル』で角幡さんは、「死のリスクを覚悟してわざわざ危険な行為をしている冒険者は、命がすり切れそうなその瞬間の中にこそ生きることの象徴的な意味があることを嗅《か》ぎ取っている」と書かれていましたね。

『考える人』の角幡さんと沢木耕太郎さんの対談を読みましたが、あの対談は、なんとなく噛み合わない部分もあったように感じました。僕はノンフィクションについて、沢木さんが規定するほど理論付けしなくてもいいと思うんですよ。根幹さえ揺らがなければ。より検証的にやるべきだという沢木さんと、あくまで事実をもとに〝自分が思っているもの〟を描きたい、行為者であることを自覚しながらそれでも書くんだという角幡さんとの間にはスタンスの違いがあるように思えて……。

角幡　あの対談については、僕が聞きたかったことがあんまり聞けなかったというのがちょっとありました……。だから、もう一回話してみたいなという気持ちもあるんです。ノンフィクションということでは、僕が『七帝柔道記』の書評を書かせてもらった時にも、困ったなと思うことがあって。最初にあれは小説なのかノンフィクションなのか分からなくて、それでよく見ると「自伝的小説」という文字があって、なるほどと納得したんですけど。でも『七帝柔道記』は実在の人物がほとんどなわけですよね。

増田　はい。かなり多くの登場人物が実在する人物です。でも、読者に伝えたいことをしっかりと書き込むには小説じゃないと無理だと思ったんです。あれで原稿用紙千枚ですが、ノンフィクションであの時の一年三カ月間のことを描きこもうとすると千枚ではとても無理だったんです。五千枚は必要だった。いや、一万枚かな。それくらいの膨大な時間に感じています。でも小説ですが、あの表紙の道《どう》衣《ぎ》はすべて本物なんです。当時の道衣をお借りして撮影したんです。この道衣の甲《か》斐《い》（泰輔《たいすけ》・九大主将）君は中《なか》井《い》祐《ゆう》樹《き》（増田氏の三期下）のライバルで、二二歳で夭《よう》折《せつ》しているんです。彼らのことも続編で書いていこうと思っています。

角幡　じゃあ、登場人物は実名である人もいれば、そうでない人もいるんですね。

増田　はい。小説ですから架空の人物もいます。原稿用紙一万枚の時間を圧縮して千枚にするには架空の人物も必要でしたから。

角幡　『七帝柔道記』を読んで、ノンフィクションだったらどういうふうに書いたのかなと気になったんです。
増田　ノンフィクションでしか書けないこと、小説でしか書けないこと、両方がありますよね。ノンフィクションであったら、実際に言った発言でも書けないことが出てくる。それがフィクションであれば、そのエピソードをあるモデルに投影することによって、逆に事実に近づくこともある。だから、できるだけ当時あったことを再現するために小説の手法を取ったという部分もあります。
角幡　なるほど。
増田　ひとつの青春の墓標として名前を残す……特に亡くなった人たちのお父様お母様に読んでもらえればっていう気持ちが強いんです。もともと僕は小説家ですし、小説の可能性というものもある。これからもノンフィクションはノンフィクションで書いて、小説は小説で思い切ったこともやっていこうかなと思っています。
　角幡さんはこういう形で実際に痛みを、例えばマイナス数十度の氷や雪の世界の臨場感を持って、ご自身が体験したことを活字に落とし込んでいるのが素晴らしくて、僕も北海道警でのきつい練習シーンを描いたりしているのですごく共感するのですが、やっぱり傍観者ではないんですね。傍観者になってしまった時にスキャンダルや、ニュース競争に近づいてしまう。例えば、ある人がスキャンダルを起こして失脚する時に、バッとマスコミが集まって一斉に叩《たた》く。それは傍観者なんですよね。でも、対象者の身になり、対象者と一緒に涙を流し、対象者の痛みを一緒に共有する書き手で僕はありたいと思うんです。それをきちんと意識していないとジャーナリズムがおかしな方向へ行ってしまう。角幡さんは書き手であり、行為者であるという形はこれからも続けられるのでしょうか。

角幡　うーん、こういうことは続けていきたいですけど、普通に取材をして作品を書きたいという気持ちもあります。どこかで自分とは違う客体を冷静に記述したいという気持ちがあるんです。自分のことを書く時はどうしても熱くなったり、ひとりよがりになったりするので。それに命を懸ける気持ちで探検をして何かを書ける期間はもしかしたら限られているかもしれませんし。

増田　そうですね。書き手の年齢ってすごく大切ですよね。

角幡　作品のテーマにもよると思うんです。

増田　先ほど話した沢木さんの作品で僕が一番好きなのは、若い時のものなんです。

角幡　自分がガンガン出ていた頃。

増田　ええ。ロス疑惑で逮捕される直前の三浦和義《みうらかずよし》さんの周辺を書いたあの作品。僕、いま読んでも震えます。あんなシーンを書けるのは沢木さんしかいないです。ホテルで三浦さんと一緒にいて、ホテルのテレビを見ながら外でがやがやしているマスコミを見て、一緒にいる場面を淡々とした筆致で。今は三浦さんは亡くなっているからその時しか会えない。その瞬間しかない、ある出来事に寄り添うっていう。『ゴング格闘技』でもまさに今、米国やブラジルで取材している人がいる。この人のこういうところを書きたいと思っている人が、明日事故で死ぬかもしれない。数カ月後に病気で亡くなるかもしれない。だからやっぱり、その対象に会っておくことが大事だって思います。たとえ今、書けなくても会っておく。会って十分でも二十分でも話しておけば、たとえ一言でも会って言葉をかわせれば、そのことは後に彼ないし彼女を蘇《よみがえ》らせるのに十分な時間になるかもしれないですから。

角幡　『木村政彦はなぜ力道山を殺さなかったのか』でも間に合った人、間に合わなかった人がいましたね。木村政彦のエピソードも面白いのですが、やっぱり僕は、取材していた増田さんが最後にどんでん返しを、ちゃぶ台をひっくり返して「あの時、負けたんだ」って言う、あそこが一番素晴らしいところだと思いました。

増田　そうしようと思ったわけじゃなくて、そうなってしまったんですけれど……。僕は、さっきも言いましたけれど、ノンフィクションとはこういうもんだって、細かく規定したことがないんです。とにかく目の前のことを、腹に力を入れて必死に書く。

角幡　虚構を交えない、禁じ手をやらないというルールさえ守れば、色んな形式があり得るんですよね。『木村政彦～』だったら、増田さんの中に木村政彦に強烈な敬意があった。ノンフィクションを書く上で、自分の持っている予断があるわけですよね。予断がないとやっぱり取材に取っ掛かれない。だけど取材をしていく過程でその予断がどこかで崩壊する。崩壊せざるを得ないんですよ。取材対象にいろんなエピソードを聞いていくと、どこかで崩れたりひっくり返されたりすることになる。ノンフィクションの場合、それをどう処理するかがものすごく難しいと思う。予断のままひっくり返されたことを隠して突っ走ってしまうこともあるだろうし、自分の感じたことを覆して書くこともあると思うんです。でも、『木村政彦～』はそのひっくり返し方があまりにも見事でした。

増田　だって、泣いていましたもん、僕。連載だったから、「もう書けません……。連載止《や》めます」って泣きながら電話しました。

角幡　それは編集部としてOKだったんですか？

――いやいや……。

増田　「誰にも救いのない物語だから、もう書かない」って泣きながら言ったんですよ。「誰に向けて書くんですか、こんな救いのない物語、もう止める」って。そうしたら編集長が、「僕に向かって書いてください」って。それで僕は泣きながら「誰も読まないですよ、こんなの。年配の柔道家の方たちが読んできてくれたのに、木村先生が負けたなんて話は書けない」って言ったら、「僕を救ってください。この物語に増田さんが決着をつけられたら、少なくとも僕が救われる」って言われたんです。そこで立ち直ったんですけどね。泣きながらでも書いて決着をつけようと。それが木村先生への最大の誠意であり敬意じゃないかと。

角幡　その辺りの部分っていうのは取材と並行して連載を進めていたんですか。

増田　そうです。

角幡　ああ、そうだったんですか。全部取材が終わって、ある程度、自分の中で頭が固まって、こういう話にしようという体裁を下手に整えないことで、取材した時に感じたことがそのままストレートに書けたから、臨場感が出たんでしょうね。

増田　全部書き上げてはあったんですけどね……。でも、書き直さなきゃいけなかった。非常に特殊な連載でした。何年も取材した膨大な蓄積もありましたし、後輩の中井祐樹の言葉もあった。様々なことがあって僕自身も変わっていった。角幡さんは、そういう予想していたことと異なってしまったことはありませんか？

角幡　『空白の五マイル』の時は、ツアンポーに二回行って、二回目に行った時は出版社の勧めもあってもう本にしようと思って行ったんですよ。それが予想以上に大変な旅になってしまって、当初構成をうまく馴染《なじ》ませることができませんでした。

増田　身体が動かない状況で何日もかけて到着した村が廃村だった。渡るべき川には橋がかかっていなかったという絶望……。

角幡　その二回目の旅を第二部として、その時、起こったことをそのままくっつけて書いたのが、今にして思えば良かったのかなという気がします。

今回の『アグルーカの行方』の時は、かなり綿密に考えていったんですよ。ものすごい資料を読み込んで、フランクリン隊に何が起きたかを細かく調べました。実際にフランクリン隊の旅を再現するとしたら、彼らはどんなふうに行ったんだろうと自分なりに考えなくてはいけないから。そうするとルートは決まってくる。レゾリュートからジョアヘブンという所に行って、最後にベイカーレイクという町に行く。冒険だから失敗は許されないんです。自分がどこにいるか分からなくなったら帰れない。失敗することは、イコール遭難になります。だから予定通り持って行った食料と燃料を使って、予定通りつつがなくゴールに辿《たど》り着くことが冒険をやる上で最低限、行為者としてやらなきゃいけないことなんです。でも……成功した冒険ってあんまり面白くないんですよ。冒険で遭難モノが多いのは、失敗して生還することが面白いから多いわけです。成功した冒険って、案外、書くことがなかったりする。風景は単調だし、やっていることは毎日変わらない。つまり予想外のことが起きて予断がひっくり返されるのがノンフィクションの面白いところなんですが、冒険でそれが起きると遭難になっちゃう。木村政彦は力道山より強いと思って取材していたのに、取材して話を聞いていくうちに、あの時は木村が負けたんだと結論付けざるを得なかったところが面白い。ただ、それを僕がやっちゃうと死んじゃうっていうのが冒険の難しいところです（笑）。旅の終わりに、最後のほうはどう落とし前を付けようかみたいなことを考えてしまうんです。

増田　橋の無い激流の川を渡るべきか、ということですね……。

角幡　書くことを前提にすると、旅をしながらどうしても作品上の着地点を探してしまう。でも本当はそれをやりたくないなっていう思いがやっぱりあって。決着が見えない冒険というか。それならば、冒険じゃなくて違うことをやればいいじゃないかという話になってしまう。『アグルーカの行方』は、僕にとって複雑な作品で、読み物としてはよく書けたなという気持ちがあるんですけど、旅としては何かいろいろな課題を抱えたというか、自分であらかじめゴールを設定してそこを目指すような、何かに向かって収斂させていくような旅の仕方っていうのは、ノンフィクションには適さないんじゃないかということを強く思ったんですよ。

　実は沢木耕太郎さんに本当に聞きたかったのも、そのことでした。『深夜特急』の旅をしているライターとしての自分の欺瞞について、沢木さんは若い頃にけっこう自覚的に書いていたんですよ。「ひとたび『物書き』になってしまった以上、さりげない旅などできはしないのだ」と。それを読んだとき僕はまだライターじゃなかったんですけど、書くことを前提とした行為の不純性とでもいうべきものについて指摘していた、その潔さみたいなものがすごく印象に残っていて、その辺を沢木さんは最終的にはどういうふうに決着をつけたんだろうな、旅をして自分が何かをやって書くことの整合性の付け方みたいなのをぜひ聞いてみたかったなと。

増田　沢木さんは、「『深夜特急』は、僕の書いているノンフィクションの中では、ちょっとタイプが異なる」と言ってますね。実は『七帝柔道記』は『深夜特急』を定点観測でやったらどうなのかって考えて書いたんです。『深夜特急』を書いた当時の沢木さんと同年代の青年が、道場から動けない。沢木さんのように自由に動いて物を見れないから、定点観測で青春のある時間を切り取ってみようと思って書いたんです。

角幡　そうだったんですか……増田版『深夜特急』だったんですね……。それにしても北大柔道部の濃密さを読んだ時に、自分の学生時代を振り返って「負けたな」と思ったんです。ここまでの濃密な時間を過ごすことができていたのかなって考え込んでしまいました。全柔連新会長の宗岡正二《むねおかしょうじ》（新日鐵住金代表取締役会長兼ＣＥＯ）さんも東大柔道部だから七帝柔道出身なんですね。

増田　昨日、僕、新日鐵住金の本社で対談してきたんです。いま柔道界の危急存亡のときで、宗岡会長や山下泰裕《やましたやすひろ》先生が命懸けで事に当たっている。それを見て、僕も柔道界に恩返ししたかったから男として逃げるわけにはいかなかった。対談のとき宗岡会長は『七帝柔道記』を手に持って部屋に入ってきて、こうして手でかざして「読んだよ、戦友だ」と笑顔で仰《おっしゃ》って。

角幡　宗岡さんは東大時代に五人抜きをしたと、たしか朝日新聞で言ってました。

増田　ええ、それも細かく聞いてきました。日体大相手に五人抜き、それもすべて前三角絞めで寝技に引き込んで極《き》めたそうです。まだ全柔連会長に就く前の何年か前の宗岡先輩の記事を読んだら、やっぱり「練習は不可能を可能にする」と語っていました。もう……、ほんとOBはあちこちで七帝柔道の話ばっかりしていますね（笑）。本当の努力の大切さを言ってます。北大の先輩の小菅正夫《こすげまさお》（旭山動物園名誉園長）さん、二村雄次《にむらゆうじ》（愛知県がんセンター名誉総長、元日本外科学会会長）先生、他の政財官界人も、みんな同じことを。高専柔道の正力松太郎《しょうりきまつたろう》（故人。元読売新聞社社主）さん、永野重雄《ながのしげお》（故人。元新日鐵会長）さん、松前重義《まつまえしげよし》（故人。東海大学創設者）さん、今の自分があるのは、仲間たちとのあの厳しい練習があったからこそだって、みんなあちこちで同じこと言ってますから（笑）。大学が違っても、まったく同じ精神性で。

角幡　やっぱりあの濃密な時間を経験したら、それが共通言語になる。郷愁というか、時間に対しての思い入れの深さがすごいんでしょうね。

増田　あれだけの厳しい生活はカルチャーショックだった。一人じゃできない。仲間がいないと。それで最終的に、こんなふうに考えるんです。強い弱いに上下はないって。身体も心も乗り物だと僕は思うんです。ある乗り物を与えられた。肉体だと特に分かりやすいですけど、あの七帝の四年間で、貸してもらった乗り物で本気の努力をしてみる。

強さを目指すことによって、見た目の強さなんてどうでもよかったという話になってくるんですね。同じようにやっても伸びない人もいるわけで、北大の中で強くてももっと強い人とやったらその肉体は役に立たない。結局は人間の身体は腕力や暴力で動くものではなく、お金でも動かない。動かすのはやっぱり心です。その心をある時期に貸してもらった身体で磨く。身体性という意味では、角幡さんは以前、「状況」について書かれていましたね。「いつの間にか越えている一線について、いったい人間はどれだけ正確に把握できるものなのか」ということを。その感覚はいつ頃から?

角幡　自覚的になったのは最近です。たぶん、それはいろいろ経験したことで分かってきたことのひとつだと思うんです。僕は雪崩に遭ったことが三回あって、生き埋めになって、かなり死を意識した状況になったことがあります。でも、後から振り返ったら、どこでその一線を踏み越えたかは分からないんです。まだ大丈夫だ、まだ大丈夫だって思ってずっとやっているうちに、気づいたら、「あっ、いま大丈夫じゃないな」ってところにいるわけです。人間ってけっこう――僕がとりわけそうなのかもしれないですけど――、楽観的なところがある。先延ばしにして大丈夫だと、余裕があるとその時は思っているけど、最悪な状況に陥った時に、僕たちは必ずどこかで決定的な一線を越えているはずなんです。でも本人は一線を越えた、まさにその時に、自分が一線を越えたことに気付いていない。

それは別に冒険の現場だけではなくて、日々そうだと思うんですよ。この社会でも多くの人間の意図や思惑が錯綜《さくそう》する中で状況は無限にうねっている。今もどこかで一線を越えているかもしれない。平和な日常から戦争になることだって、いろんな要因が積み重なって、いつの間にか一線を越えてしまったのかもしれない。そういうことは冒険を通してものすごく考えるようになりました。冬の北極で風がすごく吹いて真っ暗になっている状態で歩いていると、その時は大丈夫だと思っていても、まずい状況があと二つ、三つ積み重なったら、一気に凍傷になってうまくテントが建てられなくて、ガーッと身体が冷えて死ぬかもしれないんです。その意味で行動を抑えるというか、身体を感覚器官として、現在の状況を適切に認識するように意識を傾けるようになりました。でも、すでに余裕が無くなっていることを適切に認識できる人間なんて、果たしてこの世にいるのかなとも思ってしまいます。

増田　きっと格闘技の試合もその一線の積み重ねかもしれません。松原隆一郎《まつばらりゅういちろう》教授が先日『ゴン格』誌上で仰ってましたが、嘉納治五郎《かのうじごろう》先生は、柔道を非日常と日常の世界を行き来するための装置として考えていたのではないかと。平和な日常の世界の中にあえて暴力的な非日常の世界を作り出し、生死の瞬間を味わう。そこで人間は多くのことを考える。その考えで、日常生活も刷新していこうと。角幡さんは以前、「本当の生は死を取り込んだ時にしか感じられないんじゃないか」とも仰っていましたね。

角幡　ツアンポーに行った時はジワジワとこう、日々まずいっていうような感じになったんです。雪崩のような一瞬の出来事と違って、ジワジワと事態の悪化が進行したので死の不安を咀嚼《そしゃく》しながら過ごしていました。だから、ものすごく自分の中では大きな体験でした。北極に行き始めたのも、あの時に感じた生と死の境界線の中に入り込んでいくような感じが何だったんだろうっていう思いがあって、もう一回同じ体験をしてみたいと思ったんです。

『木村政彦～』や『七帝柔道記』を読んでいると、身体のいじめ方が一種の極限じゃないですか。あそこまで練習に練習を重ね、絞め落とされたり、腕を折られたりする。でも、無秩序な自然の中にいるのと違って、どこかでルールがあるわけですよね。人を殺さない。最低限、相手を殺さないっていうルールがある。でも、無秩序な自然相手の不安とはまた別に、死にたいと思うほどの絞められ方をした時に、死を感じるってことはあるのかなと思ったんです。それは格闘技全般に対して言えることなのかもしれないですけど。

増田　死んだほうがいいって思ったのは何回も何回もあります。北海道警での出稽古とか。向こうには「俺たちはプロだ」っていうプライドがある。立ったまま壁に力づくで押しつけられて、こうやって十字絞めで……そのまま絞め落としてくれればいいんですけど、いったん緩めるんですよ。一番苦しいところを向こうも知っているから。

角幡　そこまでシゴかれた時にどう物事が見えているのかなって。どういう感覚なんだろう。僕が未《いま》だに学生時代から同じことをやっているのは、学生の時にやっぱりやりきれなかったたっていう思いもあるんですよ。やりたかったことができなかった。その思いをずーっと引きずっていて、新聞社も辞めた。でも、同じ探検部員でも、ある程度納得の行く活動ができたら、きっぱり止めてしまう人もいる。例えば、七帝柔道みたいにあまりにも厳しい青春を過ごしてしまうと、どこかでその後の人生が「余生」になっているんじゃないかって気もするんですけど、そんなことはないですか。

増田　余生……。ああ、そう言われるとそうかもしれない……。あそこまでの厳しい努力って、社会に出るとなかなかないですから。でも、極限まで努力はやり尽くしたけれど、みんな悔恨もあると思う。僕もそうですけど、練習が、それでもまだ足りなかったんじゃないかと。極限まで努力してみたからこそ自分の弱さにも向き合わざるを得ないところがあった。例えば合宿中に朝晩で三十本、四十本の乱取りがあると、最後までスタミナがもつように、知らずに余力を取っていたかもしれないとか。あるいは試合中、相手を抜かなきゃいけない場面で、でも攻めると隙ができるから取られる危険もあって、いけなかったとか。極限までやったからこそ自分の弱さも知って、悔恨もあるような気がします。ファイターは皆、心当たりがあるんじゃないでしょうか。その悔恨を次の畳の舞台で……七帝出身者だと次の畳は、社会人としての仕事ですが、あの時はできなかったけど、肉体は衰えたけれども、齢《とし》を重ねて学ぶこともあるから、じゃあここでは後悔しないように、さらなる努力を命懸けでやってみようって。限界を突き破ろうって。困難な時にはそう考えて動いていると思う。自分に対する『あすなろ物語』ですね。七帝戦は四年間で終わるけど、もっとあの時はできたんじゃないかと悔恨して、明日はもっと自分の理想に近い自分になりたいと七帝戦を続ける……。それは強さだけじゃなくて、例えば寛容さとか優しさとかもそうだけど、人として強くなるために、成長するために、みんな次の畳、つまり仕事で前に進んで行く。竜澤君ともよく、電話でそんな話をします。

竜澤は『七帝柔道記』で一年目の頃、「授業に出なくちゃどうなっても知らないよ！」とか僕に言ってたでしょう。でも四年目で主将になる頃には平然と相手の腕を試合で折ってる。主将時代の竜澤は、もう、ライオンのような風格がありましたよ。男として惚《ほ》れ惚《ぼ》れするような風格でした。

角幡　ああ、あの竜澤さんがそうなっていくんですか……。あの後、皆どうなったのかなっていうのが気になっていたんです。続きがあるんですね。

増田　井上靖《いのうえやすし》さんも自伝三部作を『しろばんば』『夏草冬濤《なつぐさふゆなみ》』『北の海』と三つに分けています。『七帝柔道記』もそうなる予定です。僕も井上さんのように別作品として続編を発表していきます。

角幡　人間の成長物語ですね。

増田　竜澤が主将になるなんて、誰も思わないでしょう？

角幡　ええ。でも、物語の途中から変化の兆しみたいなのを感じました。

増田　そうですね。読んだ従兄弟《いとこ》からは、こう言われましたよ。「これ、俊也君の話じゃなくて竜澤さんが主役に見えるよ」って（笑）。同じようなことを編集者とかいろんな人に言われました。「和泉さんが主役に見える」「杉田さんが主役に見える」「斉藤テツさんが主役に見える」って。みんな自分に近いキャラクターに自分を投影してるんだなって思いました。

角幡　なるほど……。

増田　そういえば、角幡さんが朝日新聞の『七帝柔道記』の書評で、「人生にはたった一つだけ信じることのできるものがある。それを見つける若者の物語なのかもしれない」と書いてくださったんですが、その〝たった一つ〟というのは、角幡さんにとっては何なんですか。

角幡　僕にとっては、やっぱり探検です。何か命を懸けるものというか、自分の人生を託せるものを探して、摑み取りたいという思いが学生の時からありました。その、人間を作る核みたいなものが、増田さんも七帝柔道を続けることによってできたんじゃないですか。だから増田さんも小菅さんも、そこまでこだわるのだと思うんです。それを培うことが出来るかどうかっていうのは大きい。それは探検だろうが柔道だろうが、何でもいい。格闘技でも、自分はあれをやったんだと納得できるものがあるっていうのは素晴らしいと思うんですよ。

増田　竜澤君の長男の佑輔君が中学生でバレーボールをやってるんですけど、『七帝柔道記』を読んで……父親の若い頃の話で面白いじゃないですか。ゲラゲラ笑いながら読んで、読み終わった後に竜澤のところに来て「俺、北大柔道部に入ろうかな」って真面目な顔で言ったそうです。

角幡　うわあ、それは竜澤さんとしては嬉《うれ》しいでしょうね（笑）。でも〝カンノヨウセイ〟はもうないんですか？

増田　あれは廃止されました（笑）。僕が卒業して十年後ぐらいに。無くなったから書けたんですよ。だって、続いていたら二年生の楽しみを取っておいてやらないといけないから（笑）。

角幡　ははは。バレたらまずいですもんね（笑）。

増田　僕、中学時代なんかに、植村さんや開高さんの文章、本多さんの『カナダ・エスキモー』とかを、書籍で繰り返し読んでいたんです。今の若い子たちも角幡さんの本に影響を受けると思いますよ。角幡さんのような探検をやってみたいと。

角幡　そうなると嬉しいですね。

増田　出てきますよ、絶対。たくさんの若い人たちの人生に大きな影響を与えると思います。角幡さんは、これから冒険家として、どんな計画をお持ちですか。

角幡　僕にとっては、探検とか冒険が何なのかということが大事なんです。昔の探検って非常にシンプルで、地図のないところに行くということだった。

増田　未開の地に。

角幡　ええ。もう面倒くさいことを言わずに、分からないところに行くという。今はそういうところは無くて……。

増田　ＧＰＳやグーグルアースもありますものね。

角幡　あらゆるところは行き尽くされているし、そもそも地図に無い場所なんてのは、ほぼ皆無に近いわけですよ。かつての探検みたいなのをやりたい連中が探検部を作ったわけですけれど、空白が無い。じゃあ昔の探検の本質的な部分って何なのかと考えた時に、地図が無いということは、その先に行ったらどうなるか分からないってことだと。それは、時間的な意味で考えると、明日の自分がどうなるか分からないということですよね。どういう状況か分からないから、それに対しての試行錯誤に価値がある。行為自体にできるかどうか分からないという未知性がある中で試行錯誤して、自分で一歩一歩手探りで進んでいく。その先の見えなさが探検の本質なわけです。でも、例えば登山なんかだと、やり方みたいなものがある程度決まっていて、システマティックに戦略が立てられる。たとえ誰も登ったことのない山でも、登山の方法論自体は確立している。僕はどうやったらそこに行けるのか、方法論の確立していない場所に行きたい。

　冒険とか探検って、世間が常識のものとして認めている外に出ることだと思うんですよ。やり方が決まっているシステムの外に出てみる。その時にどういう世界が広がっているのかというのが僕にとって興味があることなんです。世間から、「なんでそんなことやるの？」と思われる方がある意味、僕にとっては正解なのかな。だから、冬の北極に行きたいと思ったんです。太陽のない世界だから。植村さんはそこに行っていますが、僕はＧＰＳも携帯も犬ぞりも無く、ものすごく長い間、そこを自力で旅できないかなと考えたんです。ＧＰＳによる精神的な保険を捨てて、周囲何千キロも人がいない荒野に入って、孤立無援状態になる。極夜自体をずっと体感できるような旅をした時に、どんな世界が広がっているだろうかと。「そんなところに行って衛星電話にも頼らずウロウロしたら、頭がおかしくなるんじゃないの」と皆に言われます。でも、そこがどういうところかもよく分かっていないので、とりあえず行ってみようって。イヌイットがいますけど、もう昔と違って移動生活ではなく、しっかりとした家があって、バギーで買い出しに行くような生活をしています。昔のイヌイットのように本当の極夜の世界で生きるとはどういうことなのか。それを自分なりに体験してみる。ＧＰＳを使わないで、どうやって自分の位置を確かめればいいのか。六分儀っていう星の角度を測って方位を知る昔の道具を使うしかないんですけど、それがもう……全然使えないんです（苦笑）。

増田　昔の人は、よくあれで航海をしましたよね。

角幡　すごいですよ。ただ、使えるのは太陽がある時に限られるんですね。太陽だと観測しやすいんで。でもそれが見えない。この前行ったカナダの北極圏は湿度が六〇％くらいあるから、霧が凍ってしまって星の輝きも見えない。自分の位置が分からないまま進むのは恐怖です。だから、昔の人は、冬は動いていないんです。じっと小屋や船で越冬していた。真冬の北極で橇《そり》引いて移動する人なんていない。GPSの無い時代に極夜の世界をぶらぶらしたのは、植村さんだけなんですよ。その意味であの人はすごい。ただ、犬ぞりのスピードが速いから、一週間とか二週間くらいで村から村に移動出来た。それを歩きでやると二、三カ月かかるんですよ。

増田　すごい……。見方を変えると未知が生まれるんですね。それを今回、無補給でやってみようと。

角幡　おーっ。僕も今度、マグロ漁船に乗ろうかなと思ってお願いしているんですよ。南氷洋に行く調査捕鯨母船の日新丸に乗ってみたいなと思っているんです。

増田　僕にとっては乗るだけでもきっと……船員たちや漁師たち、研究者もいるじゃないですか。彼らとの日常、例えば食器だってテーブルから落ちる、そういうことを書いているだけでひとつの異次元です。

角幡　たしかに。僕は今、漁民の取材をしているんです。彼らは何か狩猟採集民というか、〝持っている地図〟が完全に違うと感じられます。人間は宗教や文化によって持っている地図がそれぞれ違いますが、彼らは時間的な感覚もたぶん異なると思うんです。話を聞いていて世界に対しての認識の仕方みたいなのが違うんだなって感じています。そもそも話が嚙み合わないいんですよ（笑）。

増田　それは角幡さんから見て、幸せそうな違い、嚙み合わなさなんですか？

角幡　いや、感覚が……、過去に対しての感覚が違うんです。

増田　過去？

角幡　今しか見ていない。もう、すぐに忘れちゃうんですよ。何か縄文人を相手にしているような（笑）。命に対しても感覚が違う。誰かが死んだら、僕らは必ず何か残そうとするじゃないですか。でも、海って何もかも藻屑《もくず》になっちゃうから残んないし、あまり気にしない。「あいつはいなくなっちゃったー」って平気で話すんです（笑）。

増田　驚いたな……すごくプリミティブな、原始的なかつての異世界が、日本の遠洋漁業の精神世界に残っているんですね。

角幡　今は沖縄の人を取材しているんです。マグロ漁師でいなくなっちゃった人の話を聞いていて。できれば来年辺りにグアムのマグロ漁船に乗りたい。いいよと言ってくれているんですが取材自体は恐ろしく難航しています。なにせ話を聞いても全然覚えていないから（笑）。

増田　毎回、「初めまして」というところから入ったり（笑）。

角幡　マグロ漁師といっても、今はあまり儲《もう》からないようです。だって六〇歳過ぎてようやく若手って言われるぐらい若い人の参入がない。船長と漁長をやっている人たちが七十歳前後ですね。彼らがいなくなったら、日本の遠洋漁業が無くなる。日本の船でやる限り、船長と機関長の二人は日本人じゃなきゃダメという法律があるんです。今やっている人たちは他にやることがないから、やらざるを得ないと。でも船を持っちゃうと船主で経営者になっちゃうから、とても個人で経営できるような状況ではないみたいで……。

増田　農業、林業、漁業、そういった一次産業を見捨ててきた日本のあり方が、これから大問題になると僕は思いますね。船といえば、南極には観測船がありますけど、角幡さんは南極には行かれないんですか。

角幡　南極でも別にいいんですけど……、南極は行くのが大変なんです。

増田　ダッチワイフで「南極何号」って名前が付いているじゃないですか。あれって、本当に持って行ったんでしょうか？　僕が聞いた伝説に、南極1号を別のテントに置いて、そこに湯沸かし場もあって、人肌に温めた湯を局部にキュッキュッキュッて送って乗っかると。当時は、男が女性と接する機会が無くなってしまうと絶対メチャクチャになってしまうと考えられていたとか。今では考えられないほど、その方面のことを心配しすぎてるなと思うんですけど（笑）。

角幡　フフフ（笑）。僕も詳しい話は分からないんですけど、あれはホントに越冬隊が持っていったと聞いています。たぶん北大の人だと思うんですけど（笑）。北大山岳部のOBに聞いたんで。第一次南極越冬隊って、隊長は西堀栄三郎《にしぼりえいざぶろう》さんという京大の人なんですけども、あとはほとんど北大の山岳部のパーティーなんですよ。僕が今、お世話になっている方も北大出身なんですけど、何かやっぱりアレ用に開発されたとか……、ダッチワイフが最後、悲しい運命になる、切ない話があるんですよ。

増田　プシューと小さくなっちゃう？『南極1号の最後』みたいな（笑）。

角幡　そんなタイトルは聞いていませんが、何か北大パワーを感じました（笑）。北大すげえやって（笑）。

増田　いやあ、それは北大パワーじゃなくて探検家パワーでしょう（笑）。それにしても北極での性欲話に始まって、最後は南極1号のリアル話。やっぱり僕らは傍観者ではいられないのかも（笑）。

初出　「ゴング格闘技」二〇一三年一一月号［NO．257］二〇一三年一一月二三日刊行
（イースト・プレス）　構成＝松山郷

解説　表現することの狂気

『ライカでグッドバイ』青木冨貴子（ちくま文庫）によせて

なぜ、あの一枚の写真にそれほど強い印象が残っているのか、私にはいまでもよく分からない。それは、粗末な服をきたベトナム人の女が胸に乳飲み子を抱えて川を泳いで逃げている、あの例の写真のことである。その写真を見たのが中学生のときか高校生のときだったかさえよく覚えていないが、いずれにしても社会か歴史の教科書の中に掲載された一枚だったことは間違いない。

その写真とは沢田教一《さわだきょういち》がピュリツァー賞を受賞した「安全への逃避」と題された作品のことである。もちろん、それが沢田教一というカメラマンが撮影した写真であることなど、まだ子供だった私には知る由もなかった。私が沢田教一という名前を知ったのは随分大人になってからのことだし、彼がどれだけの修羅場をくぐってそれをモノにしたのかは、この『ライカでグッドバイ』を読んで初めて知ったことなのだ。

ベトナム戦争の内実をまったく知らない世代であり、かつ沢田教一の人生にたいする知識もまったくなかったにもかかわらず、私は〈ベトナム戦争〉という言葉を聞けば真っ先にあの親子のことを頭に思い浮かべる。言いかえれば、この写真を意味づけるサイドストーリーとはまったく無縁のところで、私にとっての〈ベトナム戦争〉は、この写真に象徴されている。それぐらい、この写真は純粋に写真として人の心につき刺さる強い力を持っている。しかし、それは一体なぜなのだろうか。

考えてみると、不思議な写真ではある。本書の中にも、香港支局長のスミスがあれば洪水写真だと揶揄《やゆ》するエピソードが紹介されているが、そう言われればあの写真には戦争性を想起させるものがほとんど写っていない。増水して濁流のようになった川の中を二人の女と三人の子供が必死に岸を目指して泳いでいるだけだ。兵士もいなければ死体もない。河川が氾濫《はんらん》した災害現場の写真だと言われれば、なるほどそうかもしれないと納得してしまうような写真なのである。だが、女の目の必死さと子供の表情の訴える力は半端ではない。その目と表情だけで、この家族は何か恐ろしい現場を目のあたりにし、危険を冒して濁流に飛び込んでそこから逃れようとしているのだ、ということが分かる。それだけで見る者の心に戦争の現場で何が起きているのかが深く刻みつけられるのである。

沢田教一は命を削って戦場を渡り歩き、銃弾の下をくぐり抜け、このような傑作をいくつもモノにしてきた。そして最後は本当に銃弾に斃《たお》れ、その短い生涯を閉じた。本書は、作家として数多くの作品を書き上げている青木冨貴子さんのデビュー作であり、駆け抜けるように生を燃やし尽くした一人の人間の力作評伝だ。

本書を一読して思うのは、沢田教一は度を越していたのではないかということだ。彼の仕事ぶりはあまりにも過激だった。まるで死地に吸い寄せられているかのごとく、彼は砲弾の飛び交う戦場に日勤するように足を運んでいる。あんなことをしていては早晩命を落とすに決まっている、とこの本を読んだら誰もがそう思うだろう。そして自らの死を予見したかのようなその発言を読むと、彼は自分が社会常識的に許容された危険のレベルを逸脱した地点に行ってしまっていることを認識していたように思えてくる。

このような、どこかで死に取り込まれたような人間の評伝を読むとき、私たちはこの人はどこか壊れていたのではないかという薄気味の悪さを感じる。私たちとあまりにも死に対する感覚というか距離感が違うからだ。普通は死は最も恐ろしい、避けなければならない事態である。しかし彼にとって死はそういうものではなかったのかもしれない。そして、なぜ？　と問うことになる。なぜ沢田はそこまで死地に足を踏み入れたのか。なぜタコツボと呼ばれる穴を掘ってまで傑作を追わなければならなかったのか。なぜ彼はそうまでして写真を撮らなければならなかったのか。そして、なぜそのようになってしまったのか……。

私も本書を読んでいて彼の行動の過激さに思わず背筋を寒くした。とりわけカンボジアで共産兵士に八時間監禁された時の臨場感は、冷や汗がにじんでくるほどだ。この現場の記述には、ユエの古城などで砲弾や銃弾の下をかいくぐっているときのものとはまったく異質の切迫した緊張感を覚える。得体のしれない相手に自分の運命が完全に握られているときの恐怖というのは、いかばかりであったのだろう。それは体験していない人間には想像すらできない恐怖であるが、そこにこそ彼がひた走って来た現場の等身大の姿がある。そしてなぜ彼の現場はそこでなければならなかったのか、と私は読みながら問うていた。

この〈なぜ〉という問いの中には、私たちと沢田教一の間に埋めようのない深い断絶があることを示している。彼の人生を読みながら、私たちはこう思っている。そんな危険に身を晒《さら》さなくても、他にも生きがいのある人生というのがあるだろうに、と。しかし沢田教一の側からすると、ベトナムの戦場で体験できるほど生きがいのある人生などこの世に存在しない、そしてそれはあまりにも明白なのだ。

そもそも沢田教一がベトナム戦争を写真に撮ることで表現したかったことは何だろう。

表向きは、戦争カメラマンは危険を冒して残忍で血腥《ちなまぐさ》い現場を撮ることで、戦争の醜さと平和の尊さを訴えることが使命とされており、その意味ではかなり崇高ともいえる存在だ。つまり、それが彼らの職業の社会的な存在意義である。戦場で死んでも旅行者のように無謀だと非難されないのは、建前上のそういう立派な理念があるからだ。
沢田も果たしてそうだったのだろうか。そういうヒューマニズムを訴えたかったのだろうか。本書の中でそれは必ずしも明確にされていないが、しかし沢田の語った言葉の端々からは、彼にとっては写真とはそういうものではなかったのではないかという印象を、私はどうしても受ける。例えばベトナムに初めて赴く時にもらした、展覧会に出品する写真を撮りたいという本音。香港からサイゴンに戻る時の、もう一度ピュリッァー賞を受賞したいという野心。そうした沢田教一が吐露した本心の断片を拾い上げていくと、彼にとって写真とは自己表現の一環に過ぎなかったのではないかと思えてくるのだ。作品をつくり、世の中に提示する。つまり自分の存在を世の中に明確に位置付けるための、それは手段だった。

彼がベトナムの戦場で撮影した写真は、彼にとってはただの戦場の写真ではなく、戦場にいる彼によって写された写真だ。写真を見る者にとっては、ただ戦場の現場を写したものであっても、撮影した人間にすると、そこに身を置いた自分自身によって写された現場である。つまり戦場と写真との間には、その戦場を写真という作品にした自分自身の存在が確固としてあり、カメラマンは己の全存在の証明をその役柄に注ぎ込んでいる。写真を撮ることによって沢田教一は誰を救っていたのか。それは戦場で追い立てられた無名の人々ではなく、実は自分自身だったのではないか。

そう考えると、自分の写真が世界平和に寄与するかどうか、それは沢田にとってさして重要な問題ではなかったように思える。これは本書の中で紹介されていた逸話であるが、ロバート・キャパはインドシナに赴く時に、「これはおそらく最後の面白い戦争さ！」と言ったという。この言葉からは、われわれが戦争カメラマンに期待するヒューマニズムなど、その欠片《かけら》も感じられない。たとえ泥沼の戦況が続くことが分かっていても、キャパは自分を救うために悲惨な写真を撮り続けたにちがいない。そして青木さんがわざわざこの逸話を挿入したということは、キャパと沢田の写真に対するスタンスの間に通底する何かを感じたからだ。自分自身を写真に託し、写真によって自分という存在が社会に対して打ち立てられることに、沢田教一は己の全生命を懸けていた。それは名誉とか地位を求めてというよりも、もっと根源的な表現者としての業としか呼びようのない欲求である。そこには他の人間に理解できる分かりやすい理由など存在しない。周囲の目から見るとどれだけ不合理なことでも、彼には自分の命を危険に晒す価値があった。なぜなら、それを表現できない人生など、彼にとっては一片の価値もなかったからである。

この本に描かれているのは、表現することの狂気に殉じた男の物語である。社会生活を放棄して画布に情念をぶつける画家や、ヒマラヤの困難な氷壁に一本の美しいラインを引くために生きる登山家と同じように、沢田教一は表現の火の玉となってインドシナの戦火を走り抜けた。その時、彼の目は己の表現をさらに高みに押し上げるほうにしか向いていなかった。表現には狂気が宿る。表現者はどこかで人の道を踏み外している。作品をつくるとはそういうことだ。

戦場は彼にとっての素材であり、おそらく自分の命すら素材だっただろう。しかし、だからこそ私たちは彼の人生に惹きつけられもする。

初出　『ライカでグッドバイ』青木冨貴子　二〇一三年一一月一〇日第一刷発行（ちくま文庫）

対談

開高健が求めた失われた〝荒地〟をカラダと心に取り戻さないか？

×石川直樹

石川直樹（いしかわ・なおき）　写真家・作家。一九七七年、東京生まれ。二〇〇〇年、地球縦断プロジェクト「Pole to Pole」に参加し、北極点から南極点を人力踏破。〇一年にはエベレストに登頂し、世界七大陸最高峰登頂の最年少記録（当時）を塗り替えた。〇四年、冒険家の神田道夫に同行して熱気球による太平洋横断に挑むが着水。〇八年、神田が単独で再挑戦した太平洋横断で消息を断ったのち、神田の冒険について綴った『最後の冒険家　太平洋に消えた神田道夫』（集英社）で第六回開高健ノンフィクション賞、『NEW DIMENSION』（赤々舎）および『POLAR』（リトルモア）で日本写真協会新人賞、講談社出版文化賞（写真賞）。一一年『CORONA』（青土社）で土門拳賞。『ぼくの道具』（平凡社）、写真集『K2』（SLANT）ほか。

〝行動する作家〟開高健

――石川さんは二〇〇八年、角幡さんは二〇一〇年にそれぞれ「開高健ノンフィクション賞」を受賞されています。おふたりにとって開高健とはどんな作家なのでしょう。

角幡　いちばん影響を受けたのは『夏の闇』ですね。一般的には釣りのイメージなのかな？

石川　博覧強記な風来坊な感じ。釣りもするし、お酒や食べ物にも造詣が深いし、きちんと社会を射抜く目ももってる。ジェネラリストのイメージが強いですね。

角幡　ちょっと前に改めて『ベトナム戦記』と『輝ける闇』の二冊を読み返したんだけど、開高さんっておもしろいなと思ったのが、〝荒地〟っていう言葉を使ってるんだよね。戦後の焼け跡みたいなのが開高さんのなかで大きな体験だったみたいで、そのへんに死体が転がってたり、生きるために何か盗んだりさ、そういうものを開高さんは〝荒地〟って表現してる。「自分のなかから荒地が失われた」っていって、その荒地を求めてベトナム戦争に行ったたって『輝ける闇』のなかに書いてあって、それにはすごく共感しましたね。石川くんがエベレスト行ったり、ヒマラヤ行ったりするのは、どうなの？

石川　荒地……共感します。そういう場所で「全力で生きる」ことに関心がある。もう本当に体力も精神力もギリギリまで使って生きる、みたいな。そういうことができるのが極地であったり、開高さんのいう〝荒地〟だとしたら、僕もそういうものを求めてるところはあるかもしれません。

角幡　石川くんがすごいと思うのは、なんか今、すごくいろんなところで見かけるじゃない？　たまに雑誌から「エッセイ書いてください」とか頼まれるんだけど、必ず石川くんが連載してるの。「またここでもやってるよ！」って（笑）。いろんなジャンルの雑誌でやってて、その幅の広さはすごいなって思うんだけど。

石川　開高さんと一緒にするのはおこがましいけど、そういうどの方向から飛んでくるものも受け入れられる人には憧れがありますね。開高さんには、どこからボールが飛んできてもキャッチしてきちんと投げ返す柔軟な力を感じる。社会派の側面も趣味人の側面もあって、弱点がない。ジャングルの人とも都会の人とも話ができるでしょ。

角幡　そういう意味では石川くんも開高さん的なセンスを持ってると思う。僕は学生時代から石川くんと顔見知りなんですけど、学生のときに連載してた雑誌、「ノンノ」だっけ？

石川　「メンズ・ノンノ」。

角幡　そう、「メンズ・ノンノ」。いわゆるファッション雑誌に旅とか冒険のこととかを書いていた。僕らのセンスだと「岳人」とか「山と溪谷」くらいしか思いつかないんだけど（笑）。石川くんのそのセンスって、何なんだろう。

石川　いやいや（笑）……僕は山岳雑誌に山の記事を書いて、山の玄人に読んでもらうってことはすごく大切だと思っているんだけど、山岳雑誌で取り上げられるような先鋭的な山の記事を、山のことを何も知らない人にも読んでもらってこういう世界があるということを知るきっかけを作りたいという考えがあって。山のことをあえてファッション雑誌やカルチャー誌に書く、みたいなことに興味が向いていたっていうのはありますね。

角幡　その当時から「表現する」ことに重きを置いてたってこと？

石川　そうですね。角幡さんも今はそういう立ち位置ですよね、きっと。

角幡　僕はよく「冒険家」って呼ばれるんですけど、自分では書き手としての肩書を重視してて。自分が書きたいテーマがあって、それを冒険や探検をすることで表現する。今はそう思ってる。

〝荒地〟を探した二十代

——おふたりは早稲田大学の先輩後輩の間柄なんですね。

角幡　学年でいうと二年違うのかな。探検部の部室に石川くんが顔を出してたのは覚えてる。

石川　旅とか冒険の世界が好きだったんで行ってみたんですけど、雪男探したり、UFOとチャネリングしてる人とか、人喰《ひとく》いパンダを探しに行くとか？　へんな怪獣を探してる人とかがいて、よくわかんないけど、探検部すげーな！　って（笑）。憧れがありました。

角幡　たしかに高野さんみたいなことをやる人は多かったね。（注：ノンフィクション作家で早大探検部OBの高野秀行《たかのひでゆき》氏。件《くだん》の怪獣探しの顛末《てんまつ》は著書『幻獣ムベンベを追え』を参照）

石川　僕は野田知佑さんとか星野道夫《ほしのみちお》さんとかを読んでて、冒険っていうより旅がしたかったんで、よくよく考えると探検部はちょっと方向性が違うかな……と。

角幡　方向性の問題以前に、そもそも探検部って、石川くんみたいにやりたいことが決まってる人が入るところじゃないと思う。何やっていいかわかんない奴《やつ》らが吹《ふ》き溜《だ》まってるとこだから。

石川　たしかに明確にやりたいことがありましたね。野田さんの本を読んでカヌーを始めて、ユーコン川を下りたいって強烈に思ってたし、星野さんの本を読んでマッキンリーに憧れがあった。

角幡　部室に来たときからちょっと有名だったもんね。いろいろ文章とか書いたりしてて、目立っていた。

石川　高校二年のときにインドとネパールをひとりで旅して、「高校生でも行けるインド」っていうのを旅行雑誌に書いたりとかしてましたね。

角幡　なんか生意気な奴が来たな〜と思った（笑）。僕は探検部に入るまでは探検的なことは全然やってなかった。大学に入ったら何かしようと思ってたけど、何やったらいいかわかんない。でも将来が見えちゃうのはイヤだった。探検部に入って真面目に活動に取り組んだのは、探検部の活動って真面目にやればやるほど、実社会から遠のいていかざるをえない、そこに魅力があったんじゃないかという気がする。たぶん就職もしないだろうなって、どっかでそんな風に思ってたんじゃないかな。

石川　そうはいっても、角幡さんはやっぱエリートですよね。なんかこう、すっごい野蛮人なんだけど……。

角幡　野蛮人？

石川　でも、根底はちゃんとしてて……何なんだろう？

角幡　育ちがいいんだろうね（笑）。

石川　秀才ですよ、やっぱ。だからこそ探検的なものとか、将来が見えないことに対する憧れとかがあるんだろうけど、でも自分を客観的に見ることのできる「常識」ももってる。

角幡　結局、卒業後に新聞社に就職したから、矛盾はしてるんだけど。

石川　僕も新聞記者っておもしろそうだなって思ったことがあるんですよね。高校時代に野田さんに「お前、将来何になりたいんだ」って聞かれて、「新聞記者とかジャーナリストとか、旅をして写真を撮ったり書いたりしたいんです」とかいってたはず。憧れはあったんだけど、それを実現したのが角幡さんで、僕は実現させないままズルズル行っちゃった。

角幡　僕は事件記者っていいなと思ってたんだけど、入社一年目に取材した強盗事件はおもしろかった。地元の新聞に特ダネを抜かれちゃって、犯人はタクシーでどっか行った、みたいなことが書いてあったんだよね。で、悔しいんで、その運転手見つけ出して聞いたら、新潟の飲屋街で犯人を降ろしたっていうから、そこ行って、一軒一軒スナック回って、犯人がどの店に来たか、どのホテルに泊まったかを突き止めて記事にした。自分の足で情報を探るっていうのかな、そういうのをやりたかった。

石川　四年目くらいで、会社辞めたいっていってなかったですっけ？

角幡　それは神田《かんだ》さんのときかも。石川くんが開高賞をとった『最後の冒険家』で書いた気球冒険家の神田道夫《みちお》さん。気球で太平洋を横断しようとして行方不明になった人です。彼は埼玉の人で、僕も四年目から埼玉支局だったから、たまに会って話を聞いてたんですよ。で、太平洋横断に出発する日に、現場で石川君と会ったんだよね。

石川　すごい久しぶりだった。
角幡　そう、それで「あ、久しぶり」ってことになって、「俺、会社辞めるんだよね」みたいな感じで（笑）。
石川　「あー、辞めちゃうのか」って（笑）。

〝旅する才能〟をもつこと

――チベットの秘境、ヒマラヤの雪男、北極探検と、立て続けに三冊の本を出された角幡さんですが、次なる冒険は、どこへ向かうのでしょう？
角幡　今は北極ばっかり行ってます。二年前に一回行ってるんですけど、今度は冬にGPSと衛星携帯を使わないで行けないかと思ってて。六分儀っていう星の角度を測って方位を知る昔の航海器具があって、それを使って位置を確認するんです。この間、試しに行ってみたら、すごく難しいんですね（笑）。まず星が見えない。僕がこの前行ったカナダの北極圏は湿度が六十％くらいあるから霧が凍っちゃって、星の光が見えないんですよ。そうすると自分がいる場所がわかんないですよね、真っ暗だし。わかんないまま進むときの怖さっていったらないですよ。帰れないいんじゃないかとか思ったりして。
石川　移動してたんですか？

角幡　百キロ圏内くらいをウロウロしてた、一カ月くらい。

石川　ウロウロ（笑）。すごい新鮮な視点ですよね。今までは極点から極点を目指すとか、AからBまで横断するとかで、真冬の北極で越冬するなんて人はいなかったわけで。

角幡　そういう「どっかを目指す」視点を一回放棄して、ひたすら冬の北極を理解することを目標にしてみようかなって。できるかどうかわかんないけど、三カ月くらい無補給で冬の北極をぶらぶらするっていうのが、今考えている着地点です。

石川　それ、すっごくわかりにくいですよ。わかる人にしかわかんない。

角幡　その試行錯誤を形にしたい。それは僕のなかでは〝探検〟なんだよね。冬の北極という未知の世界を本当の意味で体験して文章にするっていう。以前、荻田泰永くんっていう冒険家と一緒に春から夏にかけてGPSを使って北極に行ったんだけど、けっこう大変だったんですよ。餓えたし、シロクマもテントに来るし、でもどっか物足りないっていうかね。すごい長い距離を歩いたんだけど、なんか北極を感じきれてないと思う部分があった。だから、これはもう絶対GPSは持っていかないほうがいいな、と。

石川　共感はできないんですけど、やろうとしてることはわかる（笑）。その旅の話を読んでみたいけど、僕は絶対にやれないですね。

角幡　北極って地形があいまいで、海なのか陸なのかよくわからないところなんだよね。GPSをもたないと、その地形的なわかりにくさ、そしてそのわかりにくさゆえの旅の難しさのなかに北極の本質が隠されているということがじつによく理解できる。

石川　行為そのものが重要なんじゃなくて、そこから抽出されるものに僕はいちばん興味がありますね。冬の北極で追いつめられて、闇と寒さに苛《さいな》まれて越冬するっていうことをしたら、そこに人間の何が残るのか、みたいなところに。今までの冒険や探検って、未知の事象を探すとか、わかりやすい目的があったけど、角幡さんはもうちょっと違うレイヤーに入りこんで、人間存在に関わること、哲学的なことをやってるんだと思う。僕は探検でも旅でも、才能が必要だと思っていて、そういう〝旅する才能〟を角幡さんは確実にもってるんですよね。

角幡　だとすると、うれしいね。空白の五マイルを見つけるとか、北極で越冬してみるとか。

石川　そう。〝旅する才能〟がないと本当の旅ってできないと思うんです。パスポートもって海外行ったら旅ってことじゃないと思うから。たとえば河口慧海《かわぐちえかい》という一九〇〇年にはじめてチベットに行った日本人がいるけど、インドのダージリンに行って、現地の言葉を学んで、ムスタンから国境を越えてチベットに入っていく。彼には旅の才能があったから、そういうことができたんだし、そういう目的を設定できた。

角幡　河口慧海もそうだけど、過去の蓄積が次の旅を生むということはあると思う。僕が北極に行こうと思ったのも、過去の旅で考えたことがあったり、探検記を読んで自分なりのイメージを作ってたからだし、そういう蓄積が旅を作るのには必要なのかもしれない。

〝荒地〟はいたるところにある

――地球上のフロンティアが開拓され尽くした今の時代、「冒険」はまだ可能なのでしょうか？

角幡　冒険とか探検って、要は「脱システム」的な行為だと思うんです。世の中で決まりきってる枠組みだとか、当たり前だと思ってる常識とか体制、そこから一歩外に出ること。外に出て、そのシステムをガサガサ揺らすっていうか。だから今だって「未知」なんていくらでもあると思う。最近、『狼《おおかみ》の群れと暮らした男』っていう本を読んだんです。ロッキー山脈で二年間狼の群れと暮らした人の話なんだけど、これは人間の行動の記録として価値が高い。本を読むかぎり、もしかしたら彼の活動地域はトレッキングコースからちょっと外れたくらいの、地理的な空白部とか、そういうところでは全然ないような気がするんだけど、やってることが過去に例がないような未知な世界なんだよね。狼の未知の生態がわかってきたり、生物とは何かというようなことを考えたり。これはすごく探検的だな、と。

石川　僕も似たようなことを思っていて、多くの人と同じ視点に立って見ている世界があって、でもそれとは別のレイヤー、階層がじつはいくつもある。そこに滑り込んでいったら、全然世界が違って見えてくるはずなんです。最近ヒマラヤによく行ってるんですけど、シェルパ族のこととか、エベレストっていったい何なのかとか、そういったことを、これまでとは違う視点でまとめたいなと思って取材しています。たとえば、公募登山(*)には商業的なイメージがあるけど、それによって逆に環境が保たれたり、シェルパの地位が確保されたりする現実もある。あと、標高六千メートルくらいが、人間が順応できる限界だといわれてたんだけど、シェルパたちは人間の高所滞在の能力を拡張させているようにも思えます。お金がない隊が、経験の浅いシェルパを雇って問題を起こしたり、人間模様が特におもしろい。アタック日を決めるのなんて各隊の思惑が入り乱れた駆け引きだしね。エベレストはもちろん聖なる山なんだけど、じつは世界でいちばん俗な山っていう部分もあって、でもそういった側面のディテールまでちゃんと書いてくれる人がいない。これまでは〝すっげー大変な山だ〟っていう体験記がほとんどだから、聖と俗を併せ持ったエベレストをもっとフラットに表したいなと思っているんです。

角幡　人間は宗教や文化によって、もっている地図がそれぞれ違う。だから見方が変わることで、未知って生まれるんだよね。昔と同じものを追い求めてたら限界がある。

石川　どんな人にも冒険っていうものはあって、みんな違う世界があるんですよ。わざわざ同じ立場に立ってやるから反発が起きるんだけど、別の場所にぴょんって飛び出しちゃうやり方ってあると思うんですよね。

「死」の気配のなかにある「生」

――おふたりとも、著書の中で「死」を意識した瞬間について書かれていますよね。

角幡　開高さんが『夏の闇』で書いているように、死を感じたことで生まれる〝業〟みたいなものってあると思うんです。開高さんもベトナム戦争で激戦を生き抜いて、その後も同じような体験を求めていたところはあったと思う。一度体験した死を再び求めてしまう気持ちはわかります。

石川　僕は本気で死ぬかもって思ったことはあんまりなくって、でも一度、気球で太平洋を横断しようとしてたときに気球が海に墜《お》ちたんですね。水がどんどん入ってきて、もうこれマジで死ぬかもしれない、どうやって生き延びよう……っていうのを集中して考えたのはそれが初めてでした。一秒たりとも「生きること」以外考えられない状況というか。

角幡　冒険とか登山って、状況が刻一刻と変わっていくなかで、自分で何かしらの判断をして、大なり小なりそれに命がかかってる。それがやっぱり魅力なわけだし、冒険の価値だと思う。死ぬような目に遭いたいって思うわけじゃないけど、リスクだとか死を感じられないことをやっても、どっか物足りないというのはある。

石川　高所登山に行くと、息することや食べることにも意識的になりますよね。街にいると「あ、十二時だから昼飯食おう」みたいに、惰性で生きてるけど、極地に行くと明日行動するために食べるし、カラダを正常に動かすために深く速く呼吸をするし、一挙一動を全部意識的に行うようになる。

角幡　たしかに。自然の中には、生だとか死だとかが充満している。ちょっと間違うと死んじゃうのが自然じゃない。日常にはそういうぎすぎすした感じとか、体とか感情を傷つけあうことが少なくなってきたと思う。電話なら伝わる好き嫌いの感情も、メールだと伝わらなくなっちゃったり。そういう日常生活レベルで、いろんな自然が失われてる。人間関係とか、傷ついたり、傷つけ合ったりすることも含めて。

石川　都会で生きてると、生死に対して意識的になることってまったくないから、僕はときどきバランスをとるためにヒマラヤなどの極地に行くんです。体を使い果たして、入れ替わるような感覚になる。そういうのを求めてる部分があって、一年に一回行ってるとも言える。

角幡　石川くんがヒマラヤ行ったり、僕が北極行ったりするのも、都市や日常では感じられなくなった荒々しい自然というか、生死が見えてくるような直感を取り戻したいっていうのがあると思う。それは開高さんが書いていた〝荒地〟みたいなもので、どっかでそういうものを求めてる。

石川　そうですね。そういう感覚って、富士山にいつか登りたいと思っている普通の人とかでも、程度は違うけどみんな持ってると思います。自然のなかで体を使い果たすような、ゼロにするような感覚を、みんなが求めてるんじゃないかな。

初出「BE-PAL」二〇一三年四月号［NO.390］二〇一三年三月一〇日刊行（小学館）　構成＝小林百合子

＊公募登山　主催会社が現地ガイド、食糧・装備を手配し、一般参加者を募集してエベレストなど難易度の高い山に登るツアー登山のこと。山岳会が主催する遠征隊と異なり、一般の参加者でも高峰に挑戦できる。

記事「ここにおれがいるから」普遍的山岳小説の視点

『神々の山嶺』と『氷壁』

夢枕獏《ゆめまくらばく》『神々の山嶺《いただき》』（集英社　一九九七年）を初めて手に取ったのは大学生のとき、この本が発売されてまださほど日が経《た》っていない頃だった。当時、私は風呂なし共同便所のアパートに住んでおり、銭湯に行くのはカネがかかるので、ほとんど毎日のように近所に住む友人のアパートで百円だけカネを払って風呂を借りていた。ある晩、例によって風呂目的で彼の部屋を訪ねてみると、漫画しか並んでいないはずの彼の本棚に珍しくハードカバーの単行本がおかれている。しかも上下巻の堂々たる大作だ。読書は専ら漫画専門のこいつが、いったいどういう風の吹き回しで本など読んでいるのだろう。そう訝《いぶか》しく思って手に取ってみると、それが『神々の山嶺』であった。

意味もなく本屋に入って新刊本を物色し、何も購入しないで店を出るという日々をおくっていた私は、その本が最近、店先に平積みになっていた話題の山岳小説であることにすぐ気がついた。

「その本、スゲー面白いぞ」

もともと話題の作品で気にはなっていたことにくわえ、ほとんど読書をせず、山にもさほど真剣に取り組んではいなかった友人のそのストレートな評価に触発され、私も読んでみることにした。そして読みはじめると、あまりの面白さに一日か二日で読了してしまったようなおぼえがある。

ただ、面白いと思ったのと同時に、私はある種の既視感にもとらわれていた。それはこの小説の全体的な構造があまりにも井上靖《いのうえやすし》の『氷壁』（新潮文庫　一九六三年）と重なっているのではないかと思えたことである。

『氷壁』の舞台は北アルプスの穂高連峰であり、『神々の山嶺』のそれはエベレストだ。同じ山岳小説でも舞台はまったく異なるように思えるが、しかし現実の登山史を考えてみたとき、そこには単純に異なるとはいいきれない面がある。両作品の間には『氷壁』の一九五〇年代と、『神々の山嶺』の一九八〇年代から九〇年代という時代背景の断絶がある。海外渡航が難しかった一九五〇年代に、国内の先鋭的な社会人登山家が現実的に目標としていた山の対象は、『氷壁』に登場する冬の日本アルプスの岩壁だった。それに対して八〇年代から九〇年代の登山家が目標にしていたのは、より厳しくて巨大なヨーロッパアルプスなど海外の山々の岩壁であり、『神々の山嶺』の舞台であるヒマラヤの岩壁であった。つまり『氷壁』と『神々の山嶺』の間には地理的な相違があるように見えるが、実のところ冬の穂高もエベレストも当時の登山家の最先端の目標という点では同じであり、その意味で両作品は同じ舞台——つまりそれが山なのだが——で展開された物語だといえる。

その点を踏まえたうえで、当時の私は両作品の間に共通する次の二つの点が気にかかった。一つは岩壁登攀《とうはん》中のザイル切断事故である。『氷壁』という小説は現実に起きたザイル切断事故を一つのモチーフに、登山家の世界を切りわけてみせた作品だといえる。主人公の魚津恭太《うおづきょうた》と山仲間の小坂乙彦《こさかおとひこ》は正月に前穂高岳東壁の冬季初登攀を目指して登っていたが、頂上直下で小坂が墜落し、二人を結んでいたザイルが切れてしまい彼は死亡する。ザイルが切れる事例が少なかった当時、この事故は登山界に大きな衝撃を与え、ザイルというものが本当に山で切れることがあるのか検証実験がおこなわれることになった。山仲間を失い、切断事故は社会が注目する事件にまで発展するが、それでも山をやめることのできない魚津は今度は単独で北穂高岳滝谷《たきだに》の岩壁に向かい、帰らぬ人となる。

『神々の山嶺』でも似たようなザイル切断事故が挿入されている。登山家の羽生丈二《はぶじょうじ》は、彼のことを慕ってやまない岸文太郎《きしぶんたろう》という山岳会の後輩と、やはり冬の穂高の岩壁を登りに行くのだが、その途中で岸は『氷壁』の小坂と同じように墜落し、二人は岩壁に宙づりとなる。最後はザイルが切れて岸は墜死、羽生だけが壮絶な生還をはたすのだ。

極限状況でザイルを切るかどうか。それは登山家の間でしばしば交わされる議論だ。登山は自己責任が原則であり、自分の命は自分で守らなければならない。パートナーとザイルで繋《つな》がれた場合もその原則は揺らがない。だとすると、もし岩壁でパートナーが墜落し、自分と繋がれたまま瀕死《ひんし》の状態となったとき、原則的にその登山者はザイルを切断し、自分だけ生き延びなければならないことになる。しかし、現実的にそのような厳しく冷酷な選択を人間はくだせるものなのだろうか——。

『神々の山嶺』の羽生丈二は平然と、俺はそれができると断言する男として描かれている。そして、そのような山に対して一歩も退《ひ》かない彼の姿勢に、他の山仲間は行き過ぎた人間、原理主義的な人間に接するときに特有の薄気味の悪さを感じる。だから、本当にザイルが切れて岸が墜死したとき、羽生は周囲の山仲間から、あいつは本当にザイルを切ったのではないかと疑惑の目で見られることになる。つまりこの作品におけるザイル切断事故は山の極限性と、それに挑む羽生という登山家のパーソナリティを示す挿話として使われているわけだ。

ザイル切断事故にくわえ、両作品では登場人物の女との絡み方においても、きわめて類似した設定が採用されている。『氷壁』の主人公魚津恭太はザイル切断事故の後、死亡した小坂乙彦の妹である小坂かおると男女の仲になっている。彼が最後に滝谷の岩場を目指していたとき、山の麓の徳沢小屋ではかおるが彼の下山を待っており、魚津は滝谷の登攀に成功して下山したあかつきには、かおると結婚するつもりだった。一方、『神々の山嶺』においても羽生丈二は墜死した岸文太郎の妹の涼子と一時的に結ばれる。

ここまで部分的に似通っている以上、私が最初に『神々の山嶺』を読んだときに『氷壁』との間に既視感を持ったのも無理のないことだった。当時の私は『氷壁』を山岳小説として高度に完成された作品だと考えていたので、そうした作品のプロットを部分的に利用したと思われる『神々の山嶺』に対して、面白いという物語の駆動力以外の点で、あまり肯定的な評価をくだせなかった。

しかし改めて再読してみると、その印象はやや浅薄だったかもしれないという気がする。『神々の山嶺』は明らかに『氷壁』を意識しているが、夢枕獏はそのうえでさらに一段高みの物語を描こうとしているようにも思えたのである。そのことは例えば今述べた登場人物と女との絡みの部分を見てもいえる。たしかに『氷壁』の魚津恭太も『神々の山嶺』の羽生丈二もザイルが切れて墜死したパートナーの妹と結ばれる点では共通しているのだが、その女に対する態度は本質的に異なっている。魚津恭太が最後まで女に対する思慕の念を胸に秘めて最後の山（滝谷）に向かったのに対し、羽生丈二は岸涼子を捨て、さらにそのあと結ばれて事実上結婚生活を営んでいたネパールのシェルパ族の娘も捨てて、要するに女という登山への心を曇らせる雑念をすべて打ち払って最後の山

（エベレスト）に向かっている。

ひとまずここに井上靖と夢枕獏という二人の作家の登山家に対する認識のちがいを見ることは可能だろう。女が下界、日常を象徴する記号であるなら、井上靖にとっての登山家は日常の社会生活に基盤をもった一般人の範疇《はんちゅう》にとどまっている。事実、魚津恭太は命を落とすほど登山狂いをした男ではあったが、あくまで社会的な身分はサラリーマンであり、山のルート取りに悩むのと同じぐらい女に対しても真剣な気持ちで生きている。一方、羽生丈二はそうした社会生活を超越した登山家だ。冬季エベレスト南西壁無酸素単独登頂という究極の登山を実行するため、ネパールに潜入し、シェルパにかくまってもらい、自らもシェルパに扮装《ふんそう》して外国登山隊に同行し目標の山を知り尽くそうとしてしまうような男である。彼にとって女など生きるうえでの本質的な存在にはなりえない。生きるためには山に登るしかない、そんな宿業をかかえた、呪われたような人物なのである。

考えてみると、夢枕獏が井上靖のこの傑作山岳小説を読んでいないわけがない。同じ山岳小説で読者層も重なることが想定される以上、『氷壁』の要素を取りこんでしまえば、それが読み手に筒抜けになる危険性も承知だったはずだ。それなのに、恐らく敢《あ》えてそれをした裏には、なにか特別な意図があったと考えるのが自然である。

もしかすると夢枕獏には『氷壁』で描かれた魚津恭太という登山家の人物造形に不満

があったのではないか。改めてこの小説を再読したとき、私の頭にはそんな考えが芽生えてきた。たしかに魚津恭太には日常の社会生活に軸足を置いていることからくる現実味があり、それが読者の共感を獲得していた。今でも金曜最終の松本行き特急「あずさ」に乗れば、魚津恭太のような登山者を何人も目にすることができる。しかし、それが果たして本当の登山家の姿といえるのだろうか。本当の登山家はもっと究極の存在でなければならないのではないか。登るという、ただその一点の目的に向かってすべてを打ち捨てる、人間存在の極限にぎりぎりと立ち向かおうとする人物なのではないか。そして山岳小説である以上、小説家はその究極の人物の物語を書かなくてはならないのではないか。

魚津恭太では登山家の最も純な部分を表現するのに不十分だと感じたために、夢枕獏は『神々の山嶺』の執筆を進めたのかもしれない。彼は『神々の山嶺』のなかに意図的に『氷壁』を取りこみ、それを咀嚼し乗り越えることで山岳小説のさらなる高みを目指そうとしたのではないか。そう考えると、『神々の山嶺』は夢枕獏から井上靖に送られた一種の果たし状のようにも思えてくる。

仮にこの理解が正しいとすると、われわれは次のような疑問を『神々の山嶺』という作品に対していだくことになる。夢枕獏が描写した究極の登山家羽生丈二は、まったく現実から遊離した、あくまで小説上の想像の産物にすぎないのだろうか。それとも、こういう極限的な登山家は現実にいたのだろうか。

森田勝、そしてもう一人の男

物語としての『神々の山嶺』は、登山家のロマンチシズムをこれ以上ないほど体現した、ヒマラヤ登山史上における有名な史実の現場を描くことからはじまっている。〈Because it is there.〉すなわち、一般的には〈そこに山があるから〉という言葉で知られる英国の登山家ジョージ・レイ・マロリーがエベレスト山頂直下で最後に目撃されたシーンだ。

人類がエベレスト登頂に向けて挑戦の火蓋をきったのは、一九二一年の英国隊だった。マロリーという人物は、この一連の初期のエベレスト挑戦の過程において常に中心的な役割を果たしてきた天才登山家である。当時の英国国民にとってエベレストとはマロリーが登るべき山だった。北極点が米国のピアリーに、南極点がノルウェーのアムンセンに初到達をさらわれた以上、探検により七つの海を制覇して日の沈まない帝国を築きあげた大英帝国としては、残された最後の極点であるエベレストの初登頂だけは絶対に自分たちの手で勝ち取らなければならなかった。その意味でマロリーはエベレストに挑戦する大英帝国の希望であり象徴だったのである。

三回目の挑戦となった一九二四年の隊でもマロリーは登攀隊長に任ぜられた。この一九二四年の隊は途中の荷揚げの段階で――マロリー自身の指揮の失敗もあり――いくつかのトラブルに見舞われた。だが、それでも彼らは過去二度の遠征では設営できなかった標高八千二百三十メートルという超高高度地点に最終キャンプとなる第六キャンプを設営する。マロリーは、モンスーンによる嵐の到来が危惧されるなか、六月八日というギリギリのタイミングで、若い隊員のアンドリュー・アーヴィンとともに山頂に向けて第六キャンプを出発した。そのとき標高七千七百十メートルの第五キャンプには、サポートに回っていた隊員のノエル・オデルがいた。その日の十二時五十分、オデルは、のちにエベレストについて書かれた書籍には必ず触れられることになる歴史的な光景を目撃する。頂上へとつづく稜線《りょうせん》の途中でマロリーとアーヴィンのものと思われる二つの小さな人影が力強く岩を攀《よ》じ登っているのを、彼は見たのである。しかし稜線の周辺にはすぐに厚い雲が垂れこめ、やがて二人の姿は彼の視界から消えていく。結局、二人は山頂に向かったまま戻ってくることはなく、エベレストの霧の彼方《かなた》に姿を消した。

オデルが目撃したこの光景は大きな議論を巻き起こし、ヒマラヤ登山史に永久に解かれることのない謎《なぞ》をのこした。もしかしたらマロリーとアーヴィンはこのとき山頂を踏んでいたのではないか？　彼らが遭難したのは山頂に向かう途中だったのではなく、山頂から下りてくる途中だったのではないか？　ニュージーランドの登山家エドモンド・

ヒラリーとシェルパのテンジン・ノルゲイがエベレストを初登頂したのは一九五三年のことだが、もしかしたら人類はそれより二十九年も早く世界最高峰に足跡を残していたのかもしれないのだ。

このマロリーの遭難から六十九年後にあたる一九九三年、ヒマラヤ登山に参加していたカメラマンの深町誠《ふかまちまこと》がカトマンズの怪しげな登山用具店で古いコダックのカメラを発見するところから、『神々の山嶺』の本編ははじまる。深町はこの古いカメラがマロリーが所持していたものかもしれないことにすぐに気がつく。もしマロリーがあのとき登頂していたのなら、彼は山頂で証拠となる写真を撮影していたにちがいない。だとするとこのカメラの中に入っていたフィルムにはエベレスト最大の謎に対する解答が隠されているはずだ。気持ちの昂《たかぶ》りをおさえられなくなった深町はカメラの発見者の捜索に乗り出す。その捜索の過程で出会ったのが登山家の羽生丈二だった。やがて深町はカメラに秘められた謎より、羽生という鉄のような意志をもつ、世間と妥協しない強烈な生き方を貫く個性そのものに惹かれていく。

『神々の山嶺』の構造はこのように、まず登山行為全体を象徴するアイコンであるマロリーへのオマージュからはじまり、具体的な登山家である羽生丈二の山の登り方と生き方にテーマがシフトしていく。羽生は山にだけ生を求める純粋で強靭《きようじん》な登山家だ。日本やヨーロッパアルプスで死線をくぐりぬける伝説的なクライミングを見せる一方、我が強くて他人にも登山に対して妥協しない態度を求めるため、集団登山でヒマラヤを目指す日本式の登り方になじまず、結果的にはじかれていく。エベレストに自分の理想とする究極の登山を求めた彼は、単身、ネパールに越境し、以前命を助けたシェルパにかくまってもらい一人で黙々と準備を進める。カメラマンの深町と出会ったのは、その最中《さなか》のことだった。

この登山家の純な部分だけを煮詰めて結晶化させたような羽生丈二という人物は、あまりにも世間の常識からかけ離れた生き方をしているため、あくまで夢枕獏の創作上の人物に思える。おそらく登山史に詳しくない一般の読者はそう考えるだろう。だがこの登山家は決して想像上の人物ではない。明らかにモデルとなった実在の人物がいるのだ。あとがきで夢枕獏本人がそのことを明らかにしているが、もし著者があとがきに書かなくても、ある程度、登山史に関心がある者であれば瞬間的に見抜けてしまうぐらい、羽生とその実在の登山家の共通点は明白である。

その登山家とは森田勝《もりたまさる》だ。羽生丈二の登山家としての経歴は、所々順序が入れかわっているものの、この森田という実在した登山家の足跡をほぼなぞっている。

『神々の山嶺』の羽生丈二は青風山岳会という社会人山岳会に入会してクライミングを覚え、それ以降、谷川岳一ノ倉沢コップ状岩壁という難ルートをはじめとして、屏風岩《びょうぶいわ》や滝谷といった穂高連峰の岩壁で困難な冬季登攀を繰り返す。最初の転機は会で計画されたアンナプルナ南壁遠征隊だ。この野心的な計画に羽生も参加しようとするが、登山のたびに職を転々とするような実生活無視の生き方を貫いていた彼には参加のための自己負担金を支払う経済的余裕がなく、断念に追い込まれる。不貞腐《ふてくさ》れた羽生はかわりにアンナプルナ南壁に匹敵する登攀を国内で実践してやろうと目論《もくろ》み、谷川岳一ノ倉沢にそびえる高さ八百メートルの氷壁〝鬼スラ〟を登攀する。それまで雪崩の巣と考えられ、登攀の対象とさえされなかった鬼スラの登攀は、その後、神話とさえ呼ばれる。

この羽生丈二の経歴は、おおむね実在した森田勝の登山歴そのままだと言っていい。森田が入会したのは東京緑山岳会という町の山岳会で、有名な谷川岳一ノ倉沢コップ状岩壁の初登攀も、森田の少し前の世代の会の先輩たちが達成したものである。資金不足で森田が参加できなかったのはアンナプルナではなくアコンカグア南壁だったが、山こそ違え、最初の海外遠征のチャンスを金がなくて逃がしたことも事実だし、〝鬼スラ〟のエピソードも史実を下敷きにしたものである。アコンカグア隊を断念した森田は、雪崩の巣であり国内最後の未踏の大物といわれた谷川岳一ノ倉沢滝沢第三スラブ（通称〝三スラ〟）を登攀し、登山界をアッといわせるのだ。技術の発達した現代でこそ中級程度の困難さをもつアルパインアイスのロングルートとされる〝三スラ〟であるが、森田の時代には、それこそ登攀というより自殺行為に近いと考えられていた。実際に彼はこのルートの登攀を親分と慕っていた緑山岳会の会長寺田甲子男《てらだきねお》から許可してもらえず、会を退会して登攀している。そして森田の〝三スラ〟はその後七年ものあいだ第二登者が現れず、小説の〝鬼スラ〟と同じように神話と囁《ささや》かれた。今でもクライマーの間で森田勝といえば〝三スラ〟であり、〝三スラ〟といえば森田勝である。

その後の羽生丈二の行動も森田勝がモデルとなっている。羽生は〝鬼スラ〟登攀のあと、ライバルとして登場する長谷常雄《はせつねお》の後を追うように海外に向かい、そこでも伝説をつくる。最初の伝説がヨーロッパ三大北壁で最難といわれるグランドジョラス北壁における墜落事故だ。羽生はグランドジョラス北壁を単独登攀中に蹴りこんでいたアイゼンの氷が割れて墜落し、右腕や左脚、肋骨《ろっこつ》を骨折する大怪我《おおけが》を負う。普通なら死んでもおかしくない事故だが、羽生は不屈の精神力を発揮し片腕と片足だけでロープを攀じ登り死地から脱出するという、現実的には考えられない、まさに小説ならではという離れ業《はなれわざ》を演じてみせる。

次の伝説がエベレスト遠征で起きた、とある事件の話である。国内の社会人登山家の精鋭が集まり結成されたエベレスト南西壁登攀を目指す遠征隊に、羽生はライバルの長谷常雄とともにエースとして参加する。しかし頂上を目前にして、羽生は一次アタック隊ではなく二次アタック隊に回されたことを不服として、南西壁から一人下りてしまう。ラッセルの厳しい一次アタックはあくまで捨て石で、二次アタックでの登頂が本命というのが隊長の意向なのは誰の目にも明らかだったのに、山に対して妥協することができない羽生は、最強である自分に最初の登頂チャンスが与えられなかったことに我慢ならなかったのである。

一方、実在した森田勝も〝三スラ〟初登に成功したあと海外に雄飛し、アルプス三大北壁の一つであるアイガー北壁を登攀し、一九七三年には第二次ＲＣＣによるエベレスト南西壁隊に参加する。この隊は途中で南西壁からの登頂が難しくなったため、方針を登頂一本に変更して容易な東南稜に転進しようという案が出るが、森田はあくまで困難な南西壁登攀を主張し、前年の英国隊をしのぐ八千三百八十メートル地点まで到達する。また一九七六年には世界第二の高峰Ｋ２登山隊に参加するが、頂上アタックのメンバー発表の際に一次アタック隊ではなく二次隊に組み込まれたことを不服とし、下山している。つまり小説における羽生丈二のエベレストでの振る舞いは、森田のエベレストとＫ２という二つの登山隊での行動を組み合わせた話だといっていい。

そして森田はＫ２の後、ライバルである長谷川恒男の行動に刺激され、グランドジョラス北壁に向かう。長谷川恒男とはいうまでもなく、小説のなかで羽生丈二のライバルとして登場する長谷常雄のモデルとなった登山家だ。長谷川は当時、世界初となるアルプス三大北壁冬季単独登攀に挑戦しており、あとはグランドジョラスを残すのみとなっていた。そこに森田が横槍《よこやり》を入れるかのように登場する。長谷川の成功に嫉妬した森田は、グランドジョラスだけでも先に冬季単独登攀を成功させて、長谷川にひと泡吹かせてやろうと考えたのだ。ところが森田は北壁登攀中にスカイフック（岩の突起にひっかける登攀具）がはずれて墜落し、大怪我を負う。そして片腕と片足一本でロープをずり上がり、幻聴と幻覚に悩まされながら奇跡の生還を果たすのだ。つまり、私がさきほど「小説ならでは」と書いた羽生の常人離れした生還は、じつは森田の現実の生還劇をかなり忠実に反映したものだといえる。

もちろん『神々の山嶺』はノンフィクションではなく小説だ。羽生丈二の人物像はモデルである森田が持っていた登山家の精神を、さらに強めて造形されている。エベレストの遠征隊でひと悶着《もんちゃく》起こした後もエベレストが忘れられない羽生は、単身ネパールに潜入し、南西壁の冬季単独登攀を狙うのである。一方、森田勝のその後の現実としての足跡はどうだったのかというと、こちらも小説に負けず劣らず衝撃的だ。彼は墜落の怪我が癒えた翌年（一九八〇年）、若いパートナーとともに再び冬のグランドジョラスを訪れ、北壁登攀中に墜落し、パートナーもろとも八百メートル下の岩壁の麓に落ちて墜死してしまうのである。単身、南西壁登攀を目論みネパールに潜入するという羽生丈二の行動は、この森田の山に対する異様なまでの執念、情熱、純真さ、業の深さを受け継ぐ人物として描かれている。

いったい登山家とはそこまでやるものなのか。しかし、もし森田が墜死していなかったら、彼は本当に羽生のような苛烈な行動をとっていたのではないか。『神々の山嶺』

を読むと、ついそんなことを想像させられる。

ところが、話はこれで終わらない。

たしかに羽生丈二の人物像は、森田勝を下敷きに造形されている。二人のあいだに共通する登山歴を見ても、それは明らかだ。そして事実、作者である夢枕獏がモデルとして名をあげているのは森田勝ただ一人である。

だが、私には森田以外にもう一人、羽生丈二のモデルとなった登山家がいるように思われてならない。夢枕獏は名こそあげなかったが、取材の過程でその人物の存在を知り、多少は参考にしたのではないか。名をあげなかったのはその人物像があまりにも曖昧で、登山歴の詳細も不明だったからではないか。そう考えてしまいたいほど、この人物の行動はネパールに潜入した羽生丈二の行動と酷似している。

その人物というのは立田實《たつたみのる》という森田と同じ東京緑山岳会に所属していた登山家である。立田實は単独行を好み、会の仲間ともあまり行動しなかったうえに、死ぬ前に山日記をすべて焼却してしまうほど徹底的に記録を残さなかった人物だったようで、その登山歴は謎につつまれている。彼についてわかっているのは、世界を放浪しながら各地で先鋭的な登攀を繰り返し、そのなかには信じがたい内容のものも含まれていたらしいということだけだ。

立田實の名は夢枕獏が重要参考文献としてあげている佐瀬稔《させみのる》『狼は帰らず　アルピニスト・森田勝の生と死』という森田の評伝のなかにも登場する。立田は、森田が自己負担金を捻出できず参加できなかったアコンカグア南壁隊の隊長だっただけでなく、穂高岳屛風岩、鹿島槍ヶ岳《かしまやりがたけ》北壁、劔岳《つるぎだけ》チンネという北アルプスの名だたる岩壁をつないで縦走するという途轍《とてつ》もない冬山登山を緑山岳会が計画したときにも、森田とともに主力隊員として行動を共にしている（この登山自体は鹿島槍北壁までで失敗した）。立田の人生と森田の人生は複雑に交錯していたのだ。

しかし、この本だけでは立田實のことはほとんど何もわからない。彼の生前の記録を唯一伝えているのは遠藤甲太《えんどうこうた》の『登山史の森へ』のなかに収められた「失われた記録──立田實の生涯」という一篇《いっぺん》だけである。この本の著者の遠藤甲太もまた、森田や長谷川恒男と同時代に活躍した先鋭登山家で、長谷川の実質的な登山界デビューとなった谷川岳一ノ倉沢ルンゼ状スラブ冬季初登のパートナーであり、また、あの森田勝が初登攀した〝三スラ〟を七年後に第二登して、その神話に幕を下ろした張本人でもある。その遠藤が立田實の死後、夫人のもとを訪れて資料を徹底的に捜索したうえで執筆したのが、この一篇である。

遠藤の調査によると、立田は亡くなる一年ほど前に妻にこれだけは書いておけと命じて、一枚のメモ書きを残したという。そのメモには、彼が世界放浪中に達成したらしき次のような登攀リストが書きこまれていた。

……アコンカグア南壁完登、グランドジョラス北壁（単独、頂上直下敗退）、マッターホルン北壁完登、モンテアニール北壁完登、アイガー北壁（敗退、翌年単独完登）、ナンガパルバット南壁偵察（単独）、ダウラギリ南柱状岩稜偵察、スピッツベルゲンの山六峰（単独）、サウスジョージアの山七峰（単独）、世界五大州の三千メートル以上の山登頂五十以上、アラスカ・ローガン山、アフリカ・ケニア山など八峰、アルゼンチン・チリ南端の約十峰、ラマ僧とともにチベットに入国、一カ月し、ネパールからブータンを経由しビルマへ……

　これが事実なら立田はヨーロッパアルプスやヒマラヤばかりでなく、北極圏（スピッツベルゲン）や南極圏（サウスジョージア島）、アフリカやパタゴニアの山々で、秘密裏に信じがたい単独登山を繰り返していたことになる。このなかで『神々の山嶺』との絡みでとりわけ重要なのは最後のチベット入国云々《うんぬん》の記述であろう。立田はこのチベットからビルマへの旅行について〈この記録はいまだないと思う〉と記していたらしく、このメモだけを見ると彼は百年前の河口慧海や戦前の西川一三《にしかわかずみ》のようにラマ僧に変装し、ヒマラヤの高山地帯で長期潜入放浪をおこなっていたのではないか、と憶測したくなる。

じつはこの憶測を補強するような内容が遠藤の本には記されている。遠藤の本によると、緑山岳会が発行した追悼誌のなかには、会員たちが立田のことを追憶した座談会が収録されており、そこに次のような証言が残されていたというのだ。

〈アルゼンチンの軍隊と仲よくなったのもその頃かな。やつは確か二回エベレストにいってて、一回はイタリア隊、もう一回は、アルゼンチン隊と一緒だったと聞いたな〉

この話を読んだ遠藤は、この証言を自らの調査と照らし合わせて次のように想像する。

〈アルゼンチン隊は七一年ポストモンスーン、八千二百メートルで敗退。隊長H・トローサ、隊員十八名。イタリア隊は七三年プレモンスーン、登頂成功。隊長G・モンジーニ、隊員六十四名。仲間たちのウワサが事実だとしたらこのときのこと。立田は無酸素、単独でサウスコル上部に達したか？　もとより隊員名簿に名はなく、シェルパに紛れ込んでいたのか――〉

そして、この想像のあと遠藤は、立田夫人と緑山岳会の会員の驚くべき証言を紹介している。

〈シェルパと一緒に寝たり食事したりして仲よくなったそうなんです。だから、自分が登るときになったら、白人のとき以上によく働いてくれたそうです〉（立田夫人）

〈当人は「サウスコルから、ちょっと登っただけだよ」なんていってたけどね。本人、

ヤバイんだよね。こういうことが大っぴらになると〉（緑会員）

これらの証言が事実だとすると、立田實はネパール潜入中の一九七一年と七三年にアルゼンチンとイタリアの遠征隊にシェルパとして参加し、そのどこかでタイミングを見計らってシェルパ仲間の協力を得て単独でエベレストに挑み、少なくとも標高八千メートルにあるサウスコルより上部に達した、ということなのだろうか……。

いったい立田實とは何者だったのだろうか。記録がまったく残っていないだけに、彼の人物像は噂話《うわさばなし》に尾ひれがついて、実像から伝説が独り歩きしてしまっているきらいがないではない。それでもチベットやネパールに単身忍び込み、エベレストを狙ったというその姿は、完全に羽生丈二の行動とダブって見える。よく考えると、立田實が極秘裏に参加したと囁かれるイタリア隊は一九七三年五月、また森田勝が第二次ＲＣＣ隊の隊員としてエベレスト南西壁を攀じ登っていたのも同年九、一〇月のことだった。つまり、この二人は同じ年にエベレストの山頂を目指して格闘していたことになる。

考えれば考えるほど夢枕獏が創作した羽生という登山家は、森田勝、立田實という激烈な生き方を模索し、ときに交錯した二人の現存した男の経歴をベースにした、かなりリアルなキャラクターだと考えることができる。

すべてを包括する物語

このように検証すると、羽生丈二という男は単なる物語上の人物を超えて、山に登る人間全体を象徴する男に思えてならなくなってくる。ジョージ・マロリー、森田勝、長谷川恒男、立田實……。登山の世界にはたしかに羽生のような人間が常に存在したし、そしてそれは少数ながら、今も確実に存在する。例えば山野井泰史のような登山家は、まぎれもなく羽生と同じ地平で山に対峙してきた人物の一人であり、『氷壁』の魚津恭太の範疇をはるかに超えた登山家であることはまちがいない。

このような極限的な世界に立ち向かおうとする男たち、そして男たちに極限的な世界に向かわせることを強いる山という存在。いったい山とは何なのか。『神々の山嶺』は、現実に生きた登山家をモデルにしたリアリティある登場人物に、世界最高峰の難ルートを登らせることで、登山という行為の本質を表現することを意図した物語だといっていいだろう。夢枕獏が描きたかったのは、〈人はなぜ山に登るのか〉という、近代アルピニズムが始まって以来問われつづけ、あのマロリーも質問され、そしていまだに万人が納得できる解答が見つかっていない単純で素朴な設問なのだ。

本当に人はなぜ山に登るのだろう。

夢枕獏はこの謎に対する彼なりの答えを、小説の中で羽生丈二に次のように答えさせている。


〈「何故、山に登る?」

羽生が、また訊いてきた。

「わからない……」

深町は、静かに首を左右に振った。

「あのマロリーは、そこに山があるからだと、そう言ったらしいけどね」

「違うね」

羽生は言った。

「違う?」

「違うさ。少なくとも、おれは違うよ」

「どう違う」

「そこに山があるからじゃない。ここに、おれがいるからだ。ここにおれがいるから、山に登るんだよ」〉

この羽生の答えを読んだとき、私はたしかにそうかもしれないと思った。

私は登山が趣味ではあるが、自分のことを登山家だとは規定していない。山で何かを表現しようと思っていないからだ。あくまで探検行為で自分を表現しようとしているので、肩書としては探検家と名乗っている。しかし登山家の心情は理解できる。なぜなら、死の危険のある世界の果てのぎりぎりのところまで行って、そして戻ってくるという意味では、私の探検も登山と同様の志向のうえに成り立っているからだ。

開高健は『輝ける闇』のなかで、人間の生を活性化させてきた荒地が現代において失われていくさまを〈私は内にひろがるものに呼応する等量の外を失った〉と書いている。それと逆のことが、私は自分自身の経験と照らし合わせて当てはまると思う。すなわち人間は外と等量の内側をかかえていないと、外には向かえない。このアフォリズムめいた哲理は山のような死の危険領域に踏み出すときに特に明白になる。人間は、山がそこにあるからという理由だけで、その山に登ることはできない。その山を支える内側がないと、人はその山に登ろうと発想することさえできないのである。冬季エベレスト南西壁のような山を登ろうと考える人間の内側には、冬季エベレスト南西壁と同等に巨大な虚無が穴をあけている。

内側の虚無、それを〈生が取りこんでしまった死〉といいかえることも可能だろう。登山や探検などを繰り返していると、必然的に死をのぞき見るような瞬間を多く経験する。たとえ明確な死の危険に晒されなくても、山や自然の奥深くでは常に潜在的な死の危険に晒されているので、死の不安を感じる毎日を過ごすことになる。だが、そのような環境に長期間滞在するうち、登山家や探検家は死に慣れ、それを乗り越え、死を自らの生に取りこんでいく。そしてひとたび死を取りこむと、逆に死がまったく感じられない安全な日常に虚《むな》しさをおぼえるようになる。冒頭に書いた、羽生という登山家にとって女は生の本質的な存在にならないというのは、そういう意味だ。死を取りこんでしまった人間は、女や家族といったものに象徴される薄繭につつまれたような甘ったるい日常から逃れて、死によって活性化された生をもう一度経験するため山や荒野や氷原に立ちむかおうとする。羽生が言う「おれがいるから」という科白《せりふ》は、まさに彼が内側の生にかかえてしまった死の巨大さを物語る言葉だといえる。

だが、この「おれがいるから」という言葉は、羽生のように死を取りこんでしまった、ある意味で精神が奇形した異様な人間の、単なる特殊な独白というわけではない。この言葉は、山に登らない人も含めた人類全体の人生の問題に敷衍《ふえん》されうると私は考える。なぜなら、登山家が、死をなかば覚悟して山に登ろうと決意するとき、そこには登山以外の人生の選択肢に対する完璧なる断念が含まれているからだ。

あなたにとって幸せとは何か。カネを稼ぐことだ。じゃあ、なぜカネを稼ぐのか。いい車が欲しいからだ。なぜ、いい車が欲しいのか。いい女と付き合いたいからだ。なぜ、いい女と付き合いたいのか……。

この幸福に対する問いと答えは永遠に堂々巡りとなり、結局は究極の解答を得られないまま死という生の終局の前に霧消する。そう考えると、人間が生きる目的は何かという問いに対する唯一の有効な解答は〈死なないため〉であり、この〈死なないため〉の中に人間のあらゆる幸福状態は含まれることになる。だとすると死の危険を覚悟した登山家は、生きることの究極目標である、その〈死なないため〉という目的に対するリスクを背負っていることになり、登山家は登山行為のなかに〈死なないため〉に含まれる全幸福状態を上回る価値を見出《みいだ》している、といえる。たとえどんなに幸福になろうとも、それより山に登るほうが価値があるというのなら、論理的に考えて、そこにはあらゆる種類の幸福を上回る人間の生きる意味が包含されているはずだ。つまり、登山や冒険とは全人類にとっての生きることの意味を包括的に表現した図式なのである。

『神々の山嶺』には、深町の次のような独白がある。

〈何故《なぜ》、山に登るのか。
それには、答えがない。
それは、何故、人は生きるのかという問いと同じであるからだ。〉

マロリーのカメラを発見した深町は、マロリーの謎の追求よりも羽生という登山家の一途《いちず》な魂に惹かれ、羽生の究極の登山である冬季エベレスト南西壁無酸素単独登攀を見届けようとする。深町は頂上直下の壁を攀じ登る羽生の最後の姿を見届けるが、その瞬間、山には厚い雲が垂れこめて羽生は深町の視界から姿を消す。このとき羽生は登山家の象徴であるマロリーと同一化し、深町もまたマロリーの姿を最後に見届けたノエル・オデルと化す。

この登山家の姿を記録しようとする深町の姿勢は、まさに〈登山＝人間の生の物語〉を記述しようとする夢枕獏そのものである。羽生の登攀を見届けたことで、己の内側に〈羽生＝死〉をかかえてしまった〈深町＝夢枕獏〉は、自らも単独でエベレストを登攀することを決意する。

『神々の山嶺』が山岳小説として成功した最大の理由は、羽生の手記や、羽生がなぜそこまでして山に登ろうとするのか、そのことを理解しようとする深町の苦悩に異様なまでの迫力があるからだ。深町の苦悩には、山に登るわれわれの心情を正確に代弁しているような切実さと生々しさがある。そして深町の苦悩は、作者夢枕獏本人の生きることの意味に対する苦悩でもある。

人間は外と等量の内側をかかえていなければ外には向かえない。だとすると、この小説は人間の生きる意味に悩む夢枕獏の、余すところのない独白なのだと理解することができる。登山家ではない夢枕獏がここまでリアルな山岳小説を執筆しえたのは、つまりここまで生々しい深町の苦悩を再現できたのは、彼自身が登山家に匹敵する生への渇望を内側にかかえていたからかもしれない。

初出　「小説すばる」二〇一六年三月号　二〇一六年二月一七日刊行（集英社）

第二部　人はなぜ冒険をするのか

人はなぜ山に登るのか。人はなぜ冒険をするのか。これは私にとってもっとも切実な問題だ。

なぜ自分はときに命の危険をかえりみず、家族を置きざりにしてまで探検や冒険旅行に出かけようとするのか。険しい山の頂や激流うずまく峡谷や凍《い》てつく氷原の果てには、日常のすべてを打ち捨てるほど価値のある、いったい何が待っているというのだろう。

山や極地や海洋や荒野という自然環境の奥深くで行われる旅は通常、危険であり過酷であり肉体的疲労がはなはだしく、かつ不愉快で単調だ。探検や登山や冒険ほど、世間一般で共有されている幸福という概念が示す状態、すなわち快適で満ちたりた日々からもっとも遠い地点で展開される活動はない。だから世間一般の人たちはわれわれに、なぜそれをするのかと問うのである。

状況がどんなに過酷でも、冒険家は冒険から戻ると再び僻地《へきち》を目指すし、登山家は山に登る。いったいそれはなぜなのか。この謎について深く考察するのはバカげていると考える冒険家や登山家は少なくない。なぜなら、われわれは行きたいから行くのであり、行きたいという感情に素直に従わず、無駄な言葉を連ねて観念的、形而上的《けいじじょうてき》に理解をかさねても、そんなことはわかるわけがないからである。われわれが極地を目指す理由は極地にしかないし、山に登る理由は山に登ればわかるだろうというわけだ。

しかしそこで思考をストップさせるのは、私にいわせればもったいない。考えてもみてもらいたい。死ぬかもしれない将来を受け入れて冒険をするとき、われわれは誰よりも不条理なことをやっている。死が生の終局である以上、死を覚悟して行う活動には、論理的に考えて死にいたるまでの生の全領域にあるすべての価値がふくまれていることになる。つまり冒険や登山には日常的なほかの活動にはない何らかの魅力、それも圧倒的な生の魅力が存在するということである。実際、あらゆる冒険家や登山家が感じるのは、冒険や登山の最中《さなか》に享受できる感覚にくらべると、日常で経験されるあらゆる事象は出来事であり、どうでもよいという虚無的な感覚である。ほかのことがどうでもよくなるぐらい魅力的なら、そこには人間はなぜ生きるのかという、あらゆる作家や哲学者がまだ正解を導きだしていない問いに対する、かなり有効な答えがふくまれていることになる。そう考えると冒険家、登山家は自分の行動の動機を真剣に考えることで、全人類的な実存の秘密に迫れるチャンスを手にしていることになる。

冒険をする理由が私にとって切実な問題だというのは、そういう意味からである。

これまで私が著わしてきた本や文章は、基本的にはこの問題に対するその時々の回答という意味合いがつよかった。実際、これは知的試みとしてもかなり面白い。なぜなら、この問題を検討することでさらなるほかの疑問が枝分かれしていき、またひとつ、自分の中で思考が生まれたり新しい旅のテーマができあがったりするからである。

これまで私は、人間はなぜ冒険をするのかという設問に対して、〈死〉をキーワードに説明を与えようとしていた。山や極地などの自然の奥地は潜在的に死が満ち溢《あふ》れた世界で、その死に間近の世界を旅することにより、人間の生は活性化されて生きているというビビッドな感覚を得ることができる。人間というのは生の内側に死を取りこまないと、明確な〈生感覚〉を得ることができない。現代の消費文明の都市生活者の精神は抽象的な意味で漂流しており、何かによって繋《つな》ぎ留められているという感覚に乏しいが、それも生活から巧妙に死の要素が覆い隠され、死が見えなくなってしまっていることに原因がある。簡単にいうとそういう考え方だ。

しかし、この考察にはどうしても埋められない論理の飛躍があることに、私は以前から薄々気づいていた。それは、死が近くにあることでなぜ生は活性化されるのかという、もっとも重要な論理の核の部分である。たとえば北極の氷原を延々と長期間歩く極地探検などは、刺激的というよりも意識がときに遠のくほど単調な毎日がつづくことが多いが、それでも旅から帰るとまたすぐに戻りたいと思うほど極地という土地は魅力的だ。それを思うと、死そのものとは無縁のところで冒険の生の充実感はあることになる。

最近では〈死〉をキーワードにするより、自由という概念を手がかりに考察したほうが正解に近づけるのではないかという気がしている。登山や冒険とは、簡単にいうと時代の常識や枠組みの外側に向かう行動なので、それが冒険的であればあるほど文明や日常の束縛から完全に解放され、丸裸に近い状態で地球に放りだされた、いってみれば〈純粋自由〉に近い状態になる。この状態においては、登山者、冒険者はすべての要素を自ら判断して行動や指針を組み立てなければならず、判断を誤ると場合によっては遭難や死という結末におわる。つまり登山や冒険の世界における自由とは、完全に自分の裁量で行動や命をコントロールしている自律した時間のことを意味しており、この自由の感覚こそ、今、自分はここで生きて存在しているのだという鮮烈な感覚をつくりだしているのではないか。

このように行動を通じて自由の概念を自分なりに手に入れる。するとそれによってこれまで気がつかなかった現代社会の病理的側面が見えてきたりもするのである。

解説　「反体制《システム》」としての冒険

『日本人の冒険と「創造的な登山」』本多勝一（ヤマケイ文庫）によせて

特に意識したわけではなかったはずなのだが、偶然にも私のこれまでの経歴や所属先、探検に行った場所は、本多さんのそれと重複している。

私は早稲田大学に在籍していたとき、探検部というクラブに所属していた。一方本多さんは、日本で最初の探検部である京都大学探検部の創設者の一人である。大学卒業後、私は二年間のフリーター生活を経て朝日新聞社に記者として入社したが、本多さんは言うまでもなく、戦後日本ジャーナリズム史に深い足跡を残した同社を代表する大記者だった。また私は大学卒業後にニューギニア島（インドネシア領パプア州）を探検し、さらに新聞社を退職してからカナダ北極圏を徒歩で放浪したことがあるが、本多さんの代表作のなかには『ニューギニア高地人』『カナダ・エスキモー』というルポルタージュがある。

ご多分にもれず、私も探検部員時代に本多さんの著作の洗礼を受けた。特に本書にも収録されている「『創造的な登山《パイオニア＝ワーク》』とは何か」を読んだときの衝撃は忘れられない。私は高校時代に山岳部に所属していたわけではなかったので、大学二年生で探検部の門をたたいたとき、登山や探検に対して完全に無垢《むく》な状態だった。そこに本多さんの冒険の論理が注ぎ込まれたものだから、その影響は大きかった。夜中に何度も「『創造的な登山』とは何か」を読み返した結果、頭のてっぺんから足の爪先に至るまで本多式冒険原理主義に曝露《ばくろ》してしまい、その論理が体内の隅々に除去できないレベルで蓄積した。その内容もさることながら、これほどまでに衒学的《げんがくてき》で正確な文章を、自分と変わらないたかだか二十代前半の若者が書いていたことも衝撃だったし、大胆にもそれを社会に向かって発表してのけていたことも驚異だった。

こと冒険論に関するかぎり、今でも私は本多さんが築いた土台の上に乗っかっている。登山や冒険に向かって開かれた扉が、植村直己でも小西政継でもなく本多勝一だったことは、私のその後の人生に大きな影響を及ぼした。「『創造的な登山』とは何か」を読んで以来、私は〝本多的論理〟から探検や登山の本質を見極めようとする癖がついてしまい、今でもそれが抜けないでいる。ニューギニア島に行ったのも、カナダ北極圏を旅したのも、新聞社に入社したのも、本多さんの本から受けた影響とはまったく無関係に決定したはずなのだが、本当にそうだったのかと改めて詰問されると、いやー、もしかしたらどこかで影響を受けていたのかもしれませんね、と完全に首を横には振れないところがあるのだ。

今さら言うまでもないことだが、本多さんの一連の著作は明快でブレのない論理で貫かれている。論理で世界を大別し、出来事を把握しようとするのが本多勝一というジャーナリストの最大の特徴であろう。ここでいう論理とは単に首尾一貫した思考や言語のあり方を指すのではなく、末梢部分を捨て去り物事の本質に切り込んでいくための、認識上の武器のようなものだといっていい。ビスの一本に至るまで磨き抜かれたような精緻な論理を武器に、無駄のない文章で世界のあらゆる事象の断片の本質を顕《あら》わにしようとしたのが本多勝一というジャーナリストだった、と私は理解している。本書には冒険と登山に関する論考が収められているが、学生時代から新聞記者時代にかけての若い時期に書かれた文章が多い分、ここで適用された論理は、その後の本多ジャーナリズムの基礎とみなすことができるだろう。本書の議論は登山や冒険一般にとどまらず、日本社会の病理的特質や遭難報道のあり方など多岐にわたっているが、紙幅の関係や、何より私自身に極めて大きな影響を受けた過去があることなどから、本稿では彼の冒険論に的を絞って考察を進めてみたい。

いったい冒険とは何なのか。本書に収録された「ニセモノの探検や冒険を排す」のなかで、本多さんは冒険の定義づけを試みている。その核となっているのは〈生命の危険を冒す点〉と〈実行する当人に主体性がなければならない点〉の二つの条件である。第一の条件は分かりやすいだろう。危険とは文字通りの生命の危険を意味し、ジェットコースターに乗ることが冒険ではないように、実は舞台裏で安全に守られたような見せかけだけが危険な行為は冒険ではありえない。もう一つの条件も一読すれば容易に理解できる。すなわち、戦争に徴兵された兵士のように、いやいや生命の危険を背負わされたような行為は冒険とはいえないのだ。そして〈以上の二点を備えていさえすれば、冒険の条件としては必要かつ十分〉だとしている。

この二つの条件が本多さんの冒険論の入口になることは疑いないが、この定義から彼は議論をいっそう発展させ、最も冒険的な冒険、つまり最も危険度の高い冒険として武力をもつ圧政的体制権力への反逆を挙げている。本多さんによると〈人間が殺される脅威にはいろいろあるけれども、最も多勢がかんたんに殺されるのは、歴史のどの部分をとってみても体制権力による弾圧の場合〉だ。なぜなら〈体制権力は武力と支配機構とマスコミ操作を独占〉しているので、〈被害者側がまったくの無抵抗状態で殺されてゆく点、戦争中の国際間の殺し合い以上に恐るべきもの〉であるからだ。そのことを考えると、〈冒険は危険度の高いほど冒険的なのですから、この恐ろしい体制権力に反抗するなどということは、たいへんな冒険に違い〉ないのである。つまり、ことの善悪や是非論は別にして、政治的な革命やゲリラ活動こそ最も冒険的な行為なのである。そうした議論を踏まえた上で、冒険が真の冒険たり得る第三の条件として、彼は〈その時代における最も現代的意味をもつもの〉を挙げている。

この第三の条件は少し解釈が必要であろう。そしてこの部分を深く検討することで、本多勝一の冒険論の全体像は浮びあがってくる。

彼が用いた〈反体制〉という用語は、武力を伴った体制権力に抗するという意味におけるあくまで政治的な〈反体制〉であった。しかし、今回この解説を書くために十数年ぶりに本書を読み返したとき、私はこの〈反体制〉という用語をもっと一般的な意味に押し広げることができるのではないかと考えた。すなわち、〈体制《システム》〉という用語を社会に常識として根を張った、定型化した支配的な枠組みとしての体制《システム》と捉え、〈反体制〉をこの体制《システム》への反抗という意味に広げれば、より本多さんの冒険論を読み解くことができるのではないかと思ったのである。

分かりやすく説明するために、ここで私が言う体制《システム》の意味を現在のエベレスト登山を引き合いに出して考えてみよう。エベレストの最も一般的な登頂ルートであるネパール側の南東稜《なんとうりょう》には現在、最も登りやすい四月から五月のプレモンスーン期ともなると何百人もの登山者が世界各地から訪れる。エベレスト登山は完全に商業観光化しており、登山者のほとんどは実績豊かなガイドとシェルパによって引率されている。最大の障害である高山病を避けるため、何日目に第一キャンプまで登り、そこからベースキャンプまで一度下りて、そこで何日間休憩し……といったタクティクスが完全にマニュアル化され、正確な天気予報に基づき最も成功の可能性の高い登頂日が割り出され、多いときでは百人近くもの登山者が頂上目指して同じ日に最終キャンプを出発するのである。

とはいえさすがにそこはエベレストだ。高山病や予期せぬ気象の急変など、遭難するリスクをゼロにすることはできない。そのことを考えると、やはり生命への危険は絶対的にともなうといえる。もちろん登山者は自主的に行動を起こしている。つまりどれだけ登山者が増えようと、本多さんの冒険の定義である〈危険であること〉と〈主体性があること〉の二つの条件は満たしているように見える。それでも現在のエベレスト登山が多くの人の目に冒険には映らないのはなぜだろう。そこで考慮に入れなければならないのが体制化《システム》の問題だ。エベレスト登山が冒険的でなくなった最大の理由は、登山者が増えたことよりも、それにより行為そのものが定型化してしまったことにある。登山の戦略が完全にマニュアル化し、そのマニュアル通りに事を進めることが登頂につながる最大の近道になってしまったのだ。

〈『無謀でない冒険』とは形容矛盾であって、冒険は本来『無謀』なものである〉はずなのだが、今、エベレスト登山を、危険だと思う人はいても無謀だと思う人はいないだろう。エベレスト登山が〈無謀な冒険〉でなくなったのは、それが体制化《システム》、マニュアル化し、時代の常識の枠内に吸収されたからである。

ここで私がいう〈反体制《システム》〉とは、本多さんのいう〈トライアル＝アンド＝エラー（試行錯誤）の原則に立つこと〉の意味とほとんど重なると考えていい。試行錯誤とは、分からないことを試しながら手さぐりの状態で進むことをいうわけだから、体系化された知識の枠組みの外に足場を築かないと発生しない要素である。例えばスコットやアムンセンが活躍した時代の南極探検は、そこに誰も足を踏み込んだことがなかったのだから、当然試行錯誤の要素に満ちていた。どのルートが最も極点到達という成功に近いのか、荷物の運搬には犬ぞりが適しているのか、あるいは馬が適しているのか、どのような食料だと厳寒の地で一番力を発揮できるのか。前人未踏の地では常にそうした実験的環境に身を置かざるをえないため、かつての地理的探検はそっくりそのままその時代の最も先鋭的な冒険、すなわち〈パイオニア＝ワーク〉であった。反体制《システム》的な行為であり、試行錯誤が失敗したときに待ち受けているのは死であったのだ。一方マニュアル化した今のエベレスト登山には本質的にこの試行錯誤の要素はない。

ここで注意しなければならないのは、本多さんの論理が、エベレスト登山のように一回きりの行為に留《とど》まらず、登山なら登山、探検なら探検というもっと大きな行為全体の枠組みにもおよんでいる点だ。私が今回改めて本書を読み返したなかで、最も唸《うな》らされたのは次の一文であった。

探検や冒険のようなラジカルな行為は、「探検に徹した結果、最も探検的行為としてそれまでの探検を脱する」ことが、むしろ普通に起きてもよいのではないか。

（「ニセモノの探検や冒険を排す」）

つまりこれは、例えば地理的な空白部を探検するという〈最も探検的な行為〉を現代において行ったとしても、それが〈探検的である〉という一般的な思考の枠内、すなわち体制《システム》に収まっている限り、結果としてむしろ探検的ではなくなってしまうことを指摘している。

この一文の中には本多勝一というジャーナリストの論理の真髄が詰まっている気がする。恐らく本多さんが本格的な登山から足を洗ったのは、反体制《システム》としての象徴であるエベレストが登頂され、その後の登山が全体的にスポーツとしてジャンル化（＝体制《システム》化）されることを、その鋭い洞察力で見通してしまったからに違いない。本来は冒険者でなければならないはずの〈山ヤ〉が、探検という反体制《システム》的な冒険から一つの固定されたジャンルにすぎなくなった登山に固執するという矛盾。それを彼は若いときにすでに嗅《か》ぎとってしまっていたのだ。「『創造的な登山』とは何か」のなかで本多さんは〈山を知ったのがパイオニア＝ワークだったのと同様に、さらに前進したパイオニア＝ワークの結果として山を去ることもあり得る〉と書いた。彼は学生時代に築いた〈創造的登山〉の論理を、登山をやめるという逆説を実行することによって永久に貫いたのである。

冒険とは体制《システム》としての常識や支配的な枠組みを外側から揺さぶる行為でなければならない。冒険者は一カ所に留まっていてはいけない。当たり前のやり方に従順であってはいけない。反逆的な方法で新しい世界に飛び出して可能性の扉を開き、時代の体制《システム》をぶち壊さなくてはならないのだ。

パイオニアはその時代と常に密接な関連がある。過去のパイオニアがやったと同じことを今やっても、パイオニアではない。

（「『創造的な登山』とは何か」）

それが本多さんが挙げた〈その時代における最も現代的意味をもつもの〉という冒険の第三の条件の意味である。

初出　『日本人の冒険と「創造的な登山」』本多勝一　二〇一二年六月五日第一刷発行（ヤマケイ文庫）

解説　本当の登山へのオマージュ

『百年前の山を旅する』服部文祥（新潮文庫）によせて

大学を卒業してから二年ほど、まともに仕事もせずにぶらぶらしていた時期があった。学生時代に探検部で活動していたせいで、卒業してからも探検家になるという夢を捨てきれなかった私は、過ぎ去っていく青春にしがみつくように貧相な暮らしを続けていた。半年間ほどのニューギニア島の旅から帰国した後、登山仲間から土木作業のアルバイト先を紹介してもらい、工事現場に何週間も寝泊まりして、昼間はスコップを振るい、夜は作業員の食事を作り、酒をかっくらって疲れ果てて眠る。そして時折、休みをもらって山を登りに行く。そういう生活だった。

物書きになりたいという欲求は、当時はさほど強くなかったと思う。でも文章を書くことは嫌いではなかったので、「岳人」という名前の山岳雑誌に登山記録を何度か投稿した。「岳人」には「登山クロニクル」という登山記録を紹介する短信欄があり、ちょっと目立ったものであればそこに載せてくれたのだ。

その当時、「登山クロニクル」欄を担当していたのが服部《はっとり》さんだった。私が書いたのは冬期の北アルプス黒部川《くろべがわ》横断山行や、単独で屋久島の宮之浦川を遡行して小楊枝川《こようじがわ》を下降したときの記録などで、いずれも別に初登でもないし目新しい登攀《とうはん》でもなく、若者がけっこう頑張ったという以外には特段見るべきもののないものだった。だが、服部さんはいずれも掲載してくれた。

クロニクル欄を通じて「岳人」とつながりができた私は、二十六歳の時に学生時代から絶対にいつかはやろうと心に決めていたチベットの峡谷地帯の単独探検を実行することを決意し、何の断りもなく計画書を服部さん宛てに送りつけた。その探検はおおむね満足いく結果に終わり、報告文をどこかに発表したかった私は、帰国してすぐ直談判《じかだんぱん》のため「岳人」編集部に足を運んだ。服部さんと会ったのはその時が初めてだったが、そのワイルドな相貌にいささか面食らったことを覚えている。目がギラギラしていて、都心にある内幸町《うちさいわいちょう》のオフィス街にイノシシが一頭紛れ込んだような感じの人だった。

服部さんは私の顔を見て、やあ、と旧知の間柄であるかのように手をあげ、「計画書を見た時は、こいつ死ぬんじゃないかってみんなと話していたけど、よく生きて帰ってきたね」と、人の生死に関しておそろしく恬淡《てんたん》としたことを言った。そして私の探検報告をざっと聞いた後、「面白いじゃん」とひと言感想を述べ、私は記事を書かせてもらえることになった。

この時の記事は「最後の空白地帯へ」と題して「岳人」誌上に十一ページぶち抜きで掲載された。今から考えるとこの記事が、私が商業誌に読み物として書いた初めての原稿となった。したがって服部さんは私にとっては初めての編集者だったことになる。そのような経緯があったせいか、私は今でも本を書く時、服部さんの目をどこかで意識している。服部さんがこれを読んだら面白いと感じるだろうか、自分の探検行為は彼の合格点に達しているだろうか。そういう思いが常に頭の片隅にある。

もちろん服部さんの目を意識するのは、最初の編集者だったからという以外の、もうひとつの理由にもよる。どうやら彼は登山の秘密、冒険の謎について、かなりのことを知っているようなのである。

人はなぜ山に登るのか。これは山に登る多くの人が答えるのを避け、そして山に登らないほとんどの人が首をひねる難問だ。服部さんはこの解答困難な謎にあえて正面切って挑み、その答えにかなり肉薄している数少ない登山家であり、そして文章家だ。

登山とは本来、人間と山との一対一の対峙にすぎない、きわめて個人的な営為である。難しいのは、山頂に登れればそれでいいというわけではないところだ。それは何度も山に登っていれば誰にでも何となくわかってくる。登山には手応えのある登山と、手応えのない登山がある。登頂だけに価値をおくなら手応えがあろうとなかろうと、どちらでもいいはずだが、手応えのある登山のほうが〈いい登山〉として長く記憶に残る。この手応えはいったい何によりもたらされるのだろう。そこにたぶん人が山に登る秘密が隠されているのではないか。

抽象的な言いかたをすれば、これは人間が山に関わる領域の大小の問題だといえるだろう。自分の能力を高めて山に関わる領域を広くすればするほど、登山の手応えは大きくなり、山から得るものも多くなる。

ところがテクノロジーが進歩し、時代はそれと逆の方向に進んだ。道路が整備され、自家用車が登場し、歩いてアプローチする距離が短くなって、山が家からどんどん近くなった。石油化学の進展により装備の性能が格段によくなり、軽いテント、快適な寝袋、ゴアテックスの雨具、すぐに乾く下着などが開発されて、登山者は知らないうちに雨が降ることがさほど怖くなくなった。それに天気予報が発達して、自分の都合のいい時に山に行けるようになり、装備の軽量化とあいまって、軽装登山で好きな日に駆け上がるように頂上まで登ることが可能にもなった。挙句の果てにはGPSの登場により、人は自分がどこにいるのかさえ確認しなくてよくなっている。

これらの変化は漸進的にゆっくりと進むため、いつどこでその変化が起きたのかその時々では分かりにくいが、気がつくと登山のあり方はすっかり変わっている。今では昔とちがって雨が降って焚《た》き火《び》が熾《おこ》せないことに苦労することもないし、乾かない衣服に不快な思いをすることも少なくなっている。吹雪の日は天気予報をみて外せばいいだけだ。山のいい面、こわい面、機嫌のいい山、悪い山、そういう山のすべてを受け入れたうえで最後にあるのが本当の山の頂だったはずなのに、今の登山は自分の都合のいい日を選んで、車でパーッとアプローチして、軽量速攻で軽やかに登ることができる。ところがそれではどこか手応えが感じられない。それはおそらくテクノロジーの進歩で効率的になったせいで、登山者が自分の能力を駆使して山に働きかける領域がせまくなったからだろう。親密だった人と山との関係は次第に疎遠になり、今では本当の山の素顔を見ることなく手早く登山を終わらせることができるようになってしまったのである。

そう考えると現代登山は結婚しないことを選択している男にどこか似ている。たまに彼女と会うのは楽しいけど、生活をともにするのは面倒くさいし、大変だ。向こうの機嫌が悪い時も一緒にいなきゃいけないし、家庭をおろそかにしていると文句を言われるかもしれない。口論も起きるだろう。こっちは都合のいい時にセックスできればいいだけだ。それなら適当な日に会って、目的だけ達成して、面倒くさい話になる前に別れる。絶対そっちのほうが楽に決まっている――。

（一面的で短絡的だという非難を覚悟のうえで断言すれば）結婚しない男の言い分はたぶんそんなところだろう。その言い分には男の論理としては一理あるが、それにより一人の人間と向かい合って、結婚という善悪の彼岸へ飛びこんでしまう経験を失ってもいる。

服部さんは、山に登っているようで山に登れていないこうした矛盾を見過ごすことができず、現代登山で当たり前として受け入れられているやり方を放棄することにした。つまり現代登山の枠組み《システム》の外に飛び出すことを選択したのだ。それが服部さんの実践しているサバイバル登山だと私は理解している。

余計な装備を持ち込まず、釣りや猟などで食料を自給し、頂を目指す。つまり自分と山とを隔てていたテクノロジーをひとつひとつ取りはずし、なるべく素っ裸になって、いちから登山を作り上げる。簡単にいうとそれがサバイバル登山だ。

だからサバイバル登山を、装備を軽くしてスピーディーに山に登ろうとする現代登山のコンテキストの延長線上で理解しようとすると、その本質を見誤ることになる。自分が山に関わる領域を広げることで、今まで気づかなかった山の実相を見ようとするところに、その意図はあるのである。

この手応えのある登山をした時に得られる感覚を、自由という概念で捉えることもできるだろう。

現代では山に登っても自由の感覚を得ることが難しくなった。時代が進むにつれて登山の大衆化が進み、人口が増えて、行為の定型化が進んだからだ。

その結果、単なる山に登るという行為は、登山というひとつのジャンルとして社会的に確立され、なんとなくモラルやルールらしきものができあがっている。それと同時にマニュアル化が進んで、これを持っていかなければならないとか、あれをしなければならないという、目に見えない束縛が登山者のまわりを包みこむようになった。他にも、例えば有名なガイドが書いた登山案内やルート図が普及したことで、山に登るまでの戦略も今ではすっかり他人任せになっている。実際、大抵の登山者はどこかに登りたいと思った時、グーグルでルート名を検索しているはずだ。

つまり他人の記録や決まったやり方をなぞっているだけで、まったく自律的な活動になっていないのである。

しかし、サバイバル登山によってその枠組みから外に出た瞬間、こうした束縛はすべてなくなる。枠組みの外にある行為は前人未到でジャンル化が進んでいないので、マニュアルが存在しない。〈サバイバル登山〉とグーグルで検索しても、せいぜい服部文祥《ぶんしょう》の動画が出てくるぐらいで、やり方が決まっていないので、自らの試行錯誤で山に登らなければならない。たとえそこがどんなに登られたルートであっても、既存の方法、枠組みから外に出た瞬間、既知のフィールドは未知のフィールドに変わり、完璧な自由が目の前に現れるのだ。

このような自由な登山を続けてきた服部さんが、昔の登山家の足跡に関心を抱くのは、ある意味で当然のことだったといえる。なぜなら明らかに昔の人のほうが今よりも自由度の高い登山をしていたからだ。テクノロジーによる自分と山との間に垣根はなかったし、登山自体が枠組み化されていなかったので、登山者として深く山に関わることができていたのである。

冒頭に書かれた次の文章が、服部さんのこの思いを凝縮している。

自分の力で登ってみれば、正しい山登りの手応えが返ってくる。手応えとは達成感や充実感、自分が深まった、もしくは高まったという感覚、痛みや苦しみである時もあれば、死という形になることもある。どんな手応えにせよそれが自分の力で対象にフェアに向き合った結果ならば、祝福できるのではないだろうか。

生まれたままの姿で振る舞うとき、登山者は自分の力を発揮し、それゆえ自由にもなれる。言いかたを変えれば、われわれの生きる時代は、現代文明を拒否して山に入るぐらいのことをしないと、生き物本来の自由を疑似体験することすらできない時代といっていいのかもしれない。

本書はこうした本当の登山を続けた先人たちに対するオマージュであり、同時に登山を通じて現代社会の浅薄さ、皮相さをあぶり出す、きわめてすぐれた風刺であり文明批評にもなっている。

初出『百年前の山を旅する』服部文祥　二〇一四年一月一日第一刷発行（新潮文庫）

解説　時代を貫く冒険という文学

『サハラに死す』上温湯隆　長尾三郎構成（ヤマケイ文庫）によせて

上温湯《かみおん》隆《ゆたかし》の名前を初めて聞いたのは、大学を卒業した年に一緒にヨットでニューギニア島まで行った、私より二十歳ほど上のクライマーの人からだった。大学に入ってから、やれ探検だ、冒険だと威勢のいいことばかり言ってきたくせに、その方面の知識が十分だといえなかった私は、サハラで壮絶な死を遂げた大検受験生上温湯隆について、そのときまで名前を聞いたことさえなかった。

上温湯隆が死亡したのは一九七五年、私が生まれたのは翌年の一九七六年、もちろん生まれるか生まれないかだった頃の私が、彼の冒険や死が当時の日本人にどのような反応をもって受け入れられたのかなど知るよしもない。しかし本書を読んだとき、自らの生を求めて旅立たなければならなかった純粋な青年の行動に、私は自分の心をのぞき見るような思いがした。

少なくても私にも彼のような気持ちで旅に出たことがあった。それをやらなければ自分の人生など価値がないと思っていたときがあった。今いる場所から自分の人生を一歩でも前進させるために、取り組まなければならない冒険があった。一度でも冒険をしたことがある人間なら、いや、一時でも冒険をしたいと願ったことがある人間なら、彼がサハラ砂漠に求めていたものが何なのか、理屈ではなく感情で理解することができるだろう。彼のことを私に教えてくれたクライマーは、半端じゃないよなあ、とつくづく驚嘆して語っていた。自分とほぼ同世代の人間が残した悲壮なまでの生の記録に、あるいはそのクライマーは激しい嫉妬を覚えるほどの感情の揺さぶられ方をしたのかもしれない。

人は誰でも人生に何かを求めている。自分の人生に特別な何かが起きると期待している。右にいる人とも、左にいる人とも違う人生。自分だけのオリジナルな、創造的な人生を築き上げたいと願っている。そうでなければ、何から何まで他者とは異なる自分という人間が、いったいなんのためにこの世に生まれてきたのか理解できないではないか。もし可能であるなら、私は自分だけの要素で自分の身体《からだ》を満たして爆発させてみたい。死によって有限を宣告された人生という残酷な時間の流れのなかで、自分という人間がたしかにこの世に存在していることを自分の手で確かめてみたいのだ。それができなくて、なんのための人生だろう。

神話学者のジョーゼフ・キャンベルは『神話の力』のなかで、「人間がほんとうに求めているのは、〈いま生きているという経験〉だ」と述べている。世界各国の神話には、英雄が冒険を通じて死を克服し、生の喜びを取り戻すことを叙述する、ある種の共通したフォーマットが存在するという。

人は、生の反対物としてではなく、生のひとつの相として死を受け入れたときにのみ、無条件な生の肯定を経験することができる。成りつつある生は、常に死の殻を脱ぎ捨てつつ、死の直前にある。恐怖の克服は生きる勇気を湧かせます。恐怖を克服していること、なにかを成し遂げること——これは、どんな英雄の冒険においてもまず必要な、最も重要なことです。（飛田《とびた》茂雄《しげお》訳）

このような英雄の冒険が各神話の共通した土台に据えられているという事実は、人類は昔から冒険の物語を定型化し、そのストーリーを通じて生きるという経験を共有してきたことを示している。英雄の冒険の物語は人間の生の根源を照らし出す、きわめて純粋な表現であり続けた。だからこそそこには、民族や文化や時代を超え、人間の感情に訴え続ける力が宿っていた。

私がここに高名な学者の文章を引用したのは、別に上温湯隆や冒険者全般の行動を英雄的であると持ち上げようという意図からではない。

冒険という行為が命知らずな無謀な人間による特殊な所業なのではなく、古来よりあらゆる人間にとって、生きていることを希求するためにとられ得る象徴的な行動様式のひとつであったことを示したいために引用したのだ。人間とは本来、冒険することを希求する生き物なのである。

そして冒険をするのはいつの世も、情熱とエネルギーに満ち溢れ、まだ感受性が擦り切れていない若者の役割だった。上温湯隆の行動が私たちの、とりわけ若い人間の感情を揺さぶるのは、彼が生きているという経験を荒々しくつかみとろうとするときに見せる、その粗雑で人間的な一面に要因があるように思える。

彼は決してプロの冒険家ではなかった。その行動はスマートという言葉からほど遠いものだった。道中、常に無宿者なみに金がなく、ラクダの扱い方も素人に毛が生えた程度で、一時の空腹にまかせてついつい貴重な食料にすぐに手をつけてしまうような、基本的には私たちと変わらない若者だった。人間のいない荒野に入り込むことを素直に恐れ、検定試験を受けて大学に入学し、人間をひと回り大きくして社会の役に立つ人物になりたいという夢を語り、そして家族への抑えきれない愛情を手紙のなかに記す、そんな普通の二十《はたち》そこそこの若者だったのである。

しかしだからこそ、その言葉からは小賢《こざか》しい計算や成功への打算などを度外視した、何があってもやらなければならないのだという純粋で切迫した感情が伝わってくる。ほれっ、と目の前に転がされたような、露骨でむき出しの生がそこにはある。

本書を読む途中で、読者はおそらくサハラ砂漠というのが実は本質的な舞台ではなく、行きがかり上の代替可能な舞台であったことに気がつくだろう。冒険の物語とは、どこまでいっても土地の物語ではなく冒険者の物語である。上温湯隆にとってサハラ砂漠は単なる旅の途上で出会った舞台にすぎなかった。そのたまたま行き合った舞台に、彼は自己の内面の欲求を投影し、現実以上に肥大化させ、横断という仮想の現実を作り上げることにより挑戦の対象としたのである。彼が望んでいたのはサハラ砂漠ではなく、サハラ砂漠という真の自然が与える苦難であり、その苦難を乗り越えることにより獲得される生感覚だった。生きているという感覚を身体で味わうことにより、冒険者は世界と自分との距離関係をつかみ、この世界における自分という存在の居場所を少しだけ認識することができる。それこそ、誰しも求める生きているという経験を獲得するための最も直截的なやり方なのだ。

その意味で、あらゆる真の冒険がそうであるように、彼の旅はまさしく、苦難を乗り越えることで世界における自分の居場所を求めようとする巡礼の旅だった。彼が、相棒のサーハビーと彷徨《ほうこう》したのは彼自身の人生という迷路であり、彼の命を焼き尽くしたのは砂漠の暑熱ではなく、彼自身の情熱だったのである。

人間がこの世に存在する限り冒険の物語は永遠に続けられる。冒険に必要なのは舞台ではなく、生きているという経験を希求する若者の情熱なのだから。たとえ地球から地図の空白部がなくなり、ＧＰＳや衛星電話が普及して便利になって、机の前にいながらにしてインターネットで世界のすべてが分かったかのような錯覚を体験できるようになったとしても、冒険をする若者がこの世からいなくなるとは私には思えない。生きているという経験を求める個人の情熱は、必ずや自然のなかに未知の舞台を見つけ出し、生と死の境界線に身体を潜り込ませ、死を自らの生のなかに取り込もうと目論《もくろ》むにちがいない。

だから万が一、若者が冒険をすることをやめるときがくるとしたら、それは地球から未知がなくなったときではなく、若者から情熱や探究心がなくなったときなのである。冒険を希求しない若者など、若者であることの権利のほとんどを放棄した抜け殻のような存在にすぎない。若者が冒険を放棄したとき、それは人間が生きているという経験を求めることをやめたときであり、同時に人間がその能力の一部を失って、人間であることをやめる階段を一段下りたときにほかならない。

人生は死によって有限を宣告されている。しかしだからこそ素晴らしいものに転化できる可能性を秘めている。人間はそれを自らの手でつかみ取らなくてはならない。その挑戦権を持つのは若者だけだ。上温湯隆が残したのは冒険という名の行動による文学だったのだ。

初出　『サハラに死す』上温湯隆　長尾三郎構成　二〇一三年二月五日第一刷発行（ヤマケイ文庫）

解説　私もサードマンを見たかった

『サードマン　奇跡の生還へ導く人』ジョン・ガイガー　伊豆原弓訳（新潮文庫）によせて

いい本を読んで感銘を受けた時はつよい読後感でしばらく呆然となったり、新しい世界観を獲得して人間としてひと皮むけたような気になったりするものだが、私はこの本を読んでもそういう前向きな気持ちにはならなかった。

もちろんいい本だとは思った。それに面白さという点でも群を抜いており、一気に読み終えたことも事実だ。この本は冒険を扱ったものではあるが、ほかの冒険本とはちがってサードマン現象というあまり知られていない新しい視点で貫かれており、内容が斬新で、したがって類書もなく、要するに驚きに満ちた作品であることはまちがいなかった。オカルトととらえられてもおかしくない現象を扱っているが、著者のジョン・ガイガーはそれをあくまで科学的かつ実証的に分析し、説得力のある見解を導きだしている。とくにサードマンをキリスト教の守護天使と絡めた分析などは、謎めいた宗教的な聖蹟《せいせき》に新しい光をなげかけたとさえいえるわけで、その意味では大変な労作だともいえる。ところがこの本は私に、そうした客観的な評価よりも別の感情を抱かせた。それは一読者というより一行動者としての私をゆさぶるものだった。内面の敏感な部分に直《じか》に触れられた時に感じるような、あの嫉妬や悔しさにちかい、ざわつくような心の揺れである。そのせいで今あげたような本にたいする客観的な評価は、私の中でちいさなものになってしまったのだ。

なぜそのような気持ちになったか、それは私がサードマンを見たことがないからである。読みながら私はこう自問をしていた。なぜ私はサードマンを見ることができなかったのだろう。あの時、自分にだって見るチャンスはあったはずなのに……。

本書を読むまで、私にサードマンの体系的な知識があったわけではない。本書では南極のシャクルトンやアンデスのジョー・シンプソンのケースなどがこの不可思議な出来事の代表的な事例として紹介されているが、彼らの著書は私も学生時代に読んで大きな衝撃をうけていたので、瀕死の状態におちいった冒険者がそういう体験をするということは、脳内の普段つかっていない領域の片隅に知識として残っていたと思う。しかしそれからその記憶がよみがえったことがあったわけではなく、私は本書を読んではじめて具体的にどういう条件下でサードマンが現れるのかを知って、自分がそれを見ていないことを残念に思ったのだった。

というのも、別に不遜だというわけではなく、客観的にかんがえて私にもサードマンを見ていておかしくない局面があったからだ。

たとえばチベットにあるヒマラヤ山脈の峡谷地帯を単独で探検したときなどは、自分でいうのはなんだが、わりといい線をいっていたと思う。この時の探検行は山中の奥深くのある村を出発してから延々といくつもの険しい尾根をこえ、深い雪をラッセルし、濃密な灌木《かんぼく》のジャングルをかきわけて、二十四日後にようやく峡谷地帯を突破するというハードなものだった。登山や探検にあまり縁のない人はピンとこないかもしれないが、ザックの中に旅の全部の食料をつめこみ、ベースキャンプに戻るでもなく、村に立ち寄るでもなく、とにかく二十四日間も山中で行動しつづけるというのは、こうした登山系の活動としては異例の長さだといえる。ヒマラヤ登山などの場合はベースキャンプを設けるので、一回の行動期間はせいぜい数日から一週間程度のものだし、冬山や沢登りでも十日間から二週間も山に入れば相当長いほうだ。要するに背中に荷物を背負わなければならない山というフィールドにおいては、連続して行動できるのはそれぐらいが限度なのである。

しかし、このときの私はとにかく二十四日間動きつづけた。当然軽量化のため用意した食料はぎりぎりだったので、最後のほうは体がすっかり衰弱し、手で足をささえなければ倒木をまたぐこともできなかったし、腹に米をつめこんで三十分も歩いたらエネルギー切れで動けなくなるというような状態になった。足の指先は凍傷でじんじんと焼けつくように痛み、水流の凍りついた凍てつく谷のなかで焚き火をおこすこともできずゴロンと横になってビバークした夜もあった。本当に生きて帰れるのか、いやそれどころか、自分の目指している方角に村があるのかさえ確信がもてず、近いうちに野垂れ死にする姿がかなり現実的な未来図として想像できる程度に、その時の私はおいつめられていたのだった。

しかしそれでもサードマンを見ることはなかった。

たしかにこの体験は、南極の凍える海を脱け出してサウスジョージア島を横断したシャクルトンの生還劇や、弟のギュンターが途中で行方不明になった、あのラインホルト・メスナーのナンガパルバットにおけるディアミール壁下降などといった、世界の冒険史上でも突出したサバイバルにくらべると、いささか迫力不足だったことは否めない。しかし控えめにみても、医学部の試験の最中に根をつめて勉強しすぎたせいでシャワーを浴びている時に現れたという、ヴィンセント・ラムが「まえがき」のなかで紹介したケースよりは資格があるように思うのだが……(いったいこの人はどれほど勉強したというのだろう)。

また本書にはシャクルトン以外にも極地探検の例がいくつか紹介されている。それはたとえば一九八五年に南極点を目指したロバート・スワンや、二〇〇〇年に南極大陸横断に出発した後のアン・バンクロフトなどのケースであるが、しかしこの程度の状況なら私だって北極圏で体験したことがある。

二〇一一年に私は友人の北極冒険家である荻田泰永をさそって千六百キロ、百三日間にもおよぶ壮大な北極圏徒歩旅行をおこなったことがあった。氷点下四十度にもなる極寒の中、ときにはテトラポッドのように積み重なった乱氷帯をこえ、ときには就寝中に北極熊の来訪をうけ、その後も雪と氷しかない別の惑星のような環境の中で究極の空腹に悩まされながらひたすら橇をひき、麝香牛《じゃこううし》の群れが現れるとそれを撃ち殺して肉を食い、生肉を食べすぎたせいで腹をこわして高熱を出すといった間抜けな失態もまじえつつ、最後は雪の解けたツンドラの湿地帯をザックをかついで行進するという、これまた肉体的には過酷な旅だった。しかしこのときもサードマンは結局私の前には現れなかった。

著者のジョン・ガイガーによると、サードマンが現れるにはいくつか条件があり、単調で退屈な時間がながくつづくことが、その条件のひとつであるらしい。その点、雪と氷しかない環境で延々と橇をひく極地旅行などは、風景的にも行動的にも単調な時間がつづき外界からの感覚が遮断されるため、サードマンが現れやすい活動のひとつであるという。

その点は私にも非常に納得のできる話だ。たしかに晴れた日に橇引きを続けていると、体は動いているのだが、それがあまりに単調であるため、いつの間にか途中でその状態に慣れきってしまって頭の中では全然関係のないことを妄想するという状態になることが珍しくない（何を妄想しているかをここで書くのは適切ではないだろう）。その結果、目の前に流れている景色まで意識から遮断されてしまい、気がつくと氷の壁が現れて行き止まりになっていた、などということまで起きる。要するに、それぐらい極地では外からの刺激に鈍感になる。

だがそういう日々を百日以上過ごしても、しつこいようだが私の前にはサードマンは現れなかった。だからこの本を読みながら私は首をひねらざるをえなかったわけだ。感覚的に無入力になるという点に関していえば、十分だったといえる。だとしたら自分にはあと何が足りなかったのだろう……。

私がここまでぐだぐだと過去の体験について書いたのは、自分も有名なサバイバル劇にくらべて遜色のない活動をしてきたのだということを主張したいためではない。そうではなく私が書きたかったのは、サードマンを見たことのない冒険者におそらく共通した、次のような複雑な心境についてである。

率直にいって私はこの本を読んだ時、もしかしたら自分はあの時やりきっていなかったのではないか、と思ったのだ。サードマンが現れなかったのはそのせいではないか。具体的にどうやりきってなかったのかは分からない。チベットでも北極圏でも私は必死だったし、今振り返っても最善をつくしたと言いきることができる。しかしそれでもどこかであと一歩踏み出すことができていたのではないか、そしてその一歩を踏み出していれば、目の前には見たことのない、さらにちがった風景が広がっていたのではないか、その時サードマンは現れていたのではないか。そういう思いを拭いさることができなかったのだ。たとえそのことによって死がさらに近づいていたとしても、それができていた可能性を思うとき、私は今でも釈然としない気持ちになる。

たぶん私だけではなく探検家とか冒険家とか登山家とかいわれる人たちは皆、このような危うい精神を持て余しているのだと思う。それはある種の強迫観念からなる業のようなものであり、もう少し先に、もう少し先にという終わりのない危険な輪廻《りんね》でもある。静かにゆらめいて決して消えないこの焔《ほのお》に決着をつけることができないまま次の冒険に出たとき、その冒険家はまた一歩死にちかづくことになる。

本書で紹介された探検家や冒険家はそうやって踏み出し、断崖ぎりぎりまで行って、慈悲深きサードマンの思《おぼ》し召《め》しにより戻ってくることのできた稀有な例である。ただ、忘れてならないのは戻ってくることができた人がいる一方で、断崖から落ちて戻ってこなかった数多くの冒険者もいて、おそらくそちらのほうが大多数なのだということだ。そんなことは皆わかっているけれども、それでも冒険に出てしまう、それが厳然たる事実なのである。

この原稿を私はグリーンランドに行く途中のコペンハーゲンのつつましやかな宿で書いている。いつかグリーンランドからカナダ・エルズミア島にかけての広大な極北地域で、太陽の昇らない極夜の季節にスケールの大きな長い旅をしてみたい。それが、今の私の最大の目標だ。今回はそのための準備でやってきた。この将来目標にしている極夜の長い旅では、前回の北極圏の旅では見られなかったさらに奥深い位相に入りこんでみたいと考えており、それが次の旅の私の中での位置づけになっている。もちろんそれがさきほど言った、もう少し先に行きたいという強迫観念の発露であることも自分ではわかっているつもりだ。

当然ぎりぎりのところでは帰ってくる。最終的な危険など冒すつもりはないのだ。でも、うーん……、やっぱりサードマンは見てみたい。

それは矛盾しているが、でも否定のしようがない、冒険者特有の屈折した感情なのかもしれない。

初出　『サードマン　奇跡の生還へ導く人』ジョン・ガイガー　伊豆原弓訳　二〇一四年四月一日第一刷発行（新潮文庫）

記事

もう一度、あの冒険へ

『石器時代への旅——秘境ニューギニアを探る』ハインリッヒ・ハラー　近藤等、植田重雄訳（新潮社）によせて

大学を卒業した年、Ｆさんというクライマーが率いるニューギニア島への探検隊に参加したことがある。この企画に参加することになったのは、当時、冒険旅行ばかり扱っていた代理業者のホームページで隊員募集のお知らせを見かけたのがきっかけだった。探検の内容はかなり野心的かつ刺激的なもので、まず日本からヨットでニューギニア島まで航海し、マンベラモ川という密林を流れる川をボートで遡り、そして最後に標高四八八四メートルを誇る同島最高峰カールステンツ峰北壁に高さ一〇〇〇メートルにおよぶ岩登りの新ルートを開拓し、成功のファンファーレを鳴らそうというものだった。

当時の私は大学探検部に所属していた関係から毎週のように登山をしていたうえ、海にも興味があって、もはや本当の探検は海底にしか存在しないなどと他の部員に高説め

いた主張をぶつ、イデオロギッシュな性格の持ち主だった。当然のことながら探検部員のバイブルとも言える本多勝一の『ニューギニア高地人』には目を通していたので、ニューギニア島にもひとかたならぬ熱い視線をそそいでいた。つまり、インターネットでたまたま目にした探検隊の中身は岩、海、ニューギニアと、私の関心を満たす三要素をいずれも満たしていたわけだ。

この遠征が本当に実現したらすごい、そしてぜひその場に自分も居合わせたい、と素直に、そしていささか過剰気味に反応した私は、すぐにその旅行業者に連絡をとり、若者らしいはちきれんばかりの希望に全身をみなぎらせて、遠征を計画するFさんに会いにいった。

Fさんは恐ろしく魅力に富んだ人だった。大きく澄んだ目はキラキラとした子供のような夢に満ちあふれており、時折はじけ飛ぶ笑顔は相手をその気にさせるのに十分だった。まだ二十代前半だった私には想像もつかないほどの深い冒険的経歴の持ち主であり、しかも語り口にはユーモアと余裕が感じられ、そこから溢れだす人間的魅力に嘘偽りは何ひとつなさそうだった。

決定的に私を虜《とりこ》にしたのは、彼がやりたいことと私がやりたいことが驚くほど重なっていたことだ。

「ニューギニアの次はチベットのツアンポー川をやるつもりだ」

彼はそう言った。ツアンポー川というのは私が学生の頃から探検したくてたまらない場所であり、かついつか絶対に探検すると心に決めていた場所だった。しかもFさんが私に披露したツアンポー探検の構想は私の想像をはるかに超えるもので、源流から船で川をくだり、ヒマラヤ山脈を貫通する大峡谷核心部では、ありとあらゆる登攀具を駆使して側壁を突破するというものだった。その発想のスケールの大きさに私の頭はくらくらした。

「その次はヨットでパタゴニアまで航海して、南北氷床の縦断だ。これはまだ誰もやったことがない」

パタゴニアは当時の私の英雄だった英国の登山家エリック・シプトンがその昔に何度か探検した地域で、〈パタゴニアナンボクヒョウショウ〉は当時の私の気分を落ち着かなくさせる表音のひとつだった。即座にパタゴニアの南北氷床縦断が私の〈やりたいリスト〉に加わった。

世界の同じ未知に挑もうとしているもう一人の人間が、赤坂の雑居ビルの一室で自分の目の前に座っている——。

そのことに私は激しい興奮をおぼえていた。それは地球が想像以上に狭いこと、それゆえ地球に残された探検的課題がツアンポーとパタゴニアとニューギニアの三カ所ぐらいにしかのこされていないこと、そして何より日本で真剣に探検を行おうと思っている人間の数が極めて少ないこと——私と彼と、おそらくあと数人しかいないこと——を示していた。

彼は日焼けで真っ黒になった顔に白い歯を浮かべ、私をニューギニアに誘った。

「行こうよ」

「わかりました」

意思確認はこの一言で十分だった。私は彼のカリスマ的な魅力に一発で引き込まれ、ニューギニア探検隊へ参加することをその場で決めた。それだけではなく、この人と一緒にチベットとパタゴニアにも行こう、どこまでもついて行こう、もし彼がのぞむなら天国までも……と頭のなかで勝手に思いえがいていた。

Fさんは規則に縛られない典型的な冒険家で、この探検から帰国した後に知ったことだが、登山界では過激な行動をとることで知られていた。だが、初めて会った私にそんなことは関係なかった。その時の私は、自分の人生を正しい探検の道に導いてくれる運命的な教祖に出会ったような気がして、単純にこの人について行こうと思ったのだった。もし脳内に電極を突っこんだら、カルト教団に洗脳された信者と同じ波長の脳周波が得られていたにちがいなかった。

『石器時代への旅』は、そのFさんが教えてくれた本だった。著者のハインリッヒ・ハラーは、ヨーロッパアルプス三大北壁の一つであるアイガー北壁の初登攀や、ブラッド・ピットが主演して話題となった映画『セブン・イヤーズ・イン・チベット』のモデルとして知られる有名な登山家である。私たちの探検の最終目的地であるカールステンツ峰を初登頂したのもハラーで、この本はその時の登山と探検の模様をまとめた作品である。

ハラーは作家としても有名で、中でもアイガー北壁初登攀のことを書いた『白い蜘《く》蛛《も》』は名著の誉れが高い登山記の傑作である。だがFさんと会った時、私は『セブン・イヤーズ・イン・チベット』しかハラーの本は読んだことがなく、『石器時代の旅』なんて名前も聞いたことがなかった。しかし、Fさんは『石器時代への旅』こそ、ハラーの本の中でも最高の一冊であり、絶対に読んだほうがいいと私に薦めたのだった。

＊

残念ながらFさんとの探検は、私にとっては失敗に終わった旅となった。期待が大きかった分だけ、帰国した直後は思い出すのも嫌で、もう二度と彼に会うことはないだろうと思っていた。騙《だま》された気分で、彼のあの魅力、あの笑顔は、詐欺師のそれと何も変わらないのだ、とさえ思っていた。ツアンポーもパタゴニアも吹き飛んだ。青春に挫折がつきものなら、私はこの旅こそ自分にとっての挫折にあげるだろう。

失敗の直接的な原因は現地の政治情勢にあった。日本からヨットでニューギニア島まで行き、マンベラモ川を遡ったところまではよかったものの、途中で独立ゲリラの活動が盛んになり、島の治安が急速に悪化してしまったのだ。ニューギニア島は東半分がパプアニューギニア、西半分がインドネシアのイリアンジャヤ州（現・パプア州など）に分かれている。一般的にはパプアニューギニアのほうが知名度は高いが、開発の進んでいない、より探検的な雰囲気を色濃く残しているのはイリアンのほうである。本多勝一やハインリッヒ・ハラーが探検したのもイリアンで、私たちが訪れたのも当然イリアンだった。しかしイリアンはインドネシアから植民地的な統治を受けているため、独立を求める民族運動が盛んで、以前から政治的には不安定だった。しかも悪いことに、私たちが目指していたカールステンツ峰のベースとなる村は、そのゲリラ活動の根拠地でもあったのである。

やむなく私たちは一度撤退し、島の第二の高峰であるトリコラ山という山の北壁を登攀した。しかし私の山への思いは二番目の山を登ったくらいでは癒されず、カールステンツ峰登攀を諦めきれなかった。何のためにここに来たのだ、と私は考えた。ゲリラにつかまるリスクを冒しても、ハラーが初登頂したこの山には挑戦する価値があるように思えた。しかしFさんは首を縦に振らなかった。誘拐される可能性が無視できなかったのと、彼の興味の対象が山から離れ、現地で入手した別の面白い情報のほうに移ってしまったからである。その情報にまったく関心が持てなかった私は最終的にFさんと意見が合わなくなり、彼と別れて一人で帰国してしまったのだ。

しかし、人生訓めいた話になるが、青春で味わった挫折というものは、大体その後の人生でかけがえのない財産に変わる。私にとってもFさんとの旅はその後の活動に影響を与える貴重な体験となった。

ニューギニア島から戻った後、私は、Fさんとの会話の中でも盛り上がったチベットのツアンポー峡谷の探検に入れ込んだ。五年間の新聞記者生活を挟み、二回にわたり単独で現地に潜入し、この峡谷の空白部を探検した。単独というスタイルを選んだのには様々な理由があったが、Fさんがニューギニア島の遠征で採用した大規模遠征型のやり方が自分の肌には合わなかったことが、その理由の中の一つだった。なるべく人を雇わず、装備を少なくし、自分の力だけで自然の中を放浪的に旅するのが、勝手気儘《かってきまま》な私の性格には適していた。ニューギニアでの旅で自分には一人が合っているとはっきり知ったわけである。

ツアンポー峡谷の探検に区切りがついたのは二〇一〇年のことだった。自分にとっての長い間の課題が終わった後、私は次の探検の目的地として再びニューギニア島を選んだ。今度の目標はカールステンツ峰ではなく、以前Fさんと旅をした時に地図を見ながら登ってみたいと漠然と考えていた別の山だった。カヌーで湿地帯を遡り、未知の地域を縦断して、その山の未踏の南壁を登攀する。地図を見ると、その山の南壁には千メートル近い岩壁がありそうだが、本当にあるのかどうかは行ってみなければ分からない。岩壁はあるのか、ないのか。カヌーで茶色く汚れた川を遡りながら、未知の世界に飛び込んだ時の気持ちはどんなに素晴らしいだろう。私はもう一度ニューギニア島を舞台に、自分が理想とする探検の世界を作り上げてみたいと思った。

改めてニューギニア島を探検することをほぼ決めかけた時、私はFさんが傑作と語っていた『石器時代への旅』を、まだ読んでいなかったことを思い出した。登山家がまだ誰もニューギニア島に足を踏み入れたことのなかった、本当の探検が残っていた時代の名著を自分は読まなければいけないと思い、そしてインターネットの古本サイトに注文して、この本を取り寄せた。

＊

今のところニューギニア島への再訪はまだ果たされていない。だから私は『石器時代への旅』もまだ読んでいない。

本がアパートに届いた直後ぐらいから、私の関心はニューギニア島よりも極地のほうに急速に移ってしまった。極地に関心を持った理由はいくつかあるし、それ自体が長い話になるので簡単には書けないが、大雑把にまとめると、自分がその時に表現したかったテーマが、地理的な探検が残るニューギニア島ではなく、生と死がないまぜになった極地のような過酷な荒野の中にある気がしたから、ということになる。私は二〇一一年三月から七月にかけて、友人の冒険家と共に北極の氷の海と何もないツンドラの荒野を百三日間かけて踏破した。そして今年もまた北極を旅したいと思っている。

しかしだからと言って、ニューギニア島を探検する計画を完全に放棄したわけではない。というよりも、極地の次はニューギニア島と今のところは考えている。私は粘っこい性格なので、たとえ何年経《た》とうと、一度自分の中で決めた計画を挑戦しないまま放置することはないだろう。

今振り返ると、Fさんと旅をした時、たしか彼の年齢は四十代の半ばにさしかかっていた。彼もまた、若い頃にニューギニア島を旅した時の記憶が忘れられず、自分の計画を心の中で温め続け、そして中年といえる年齢となった段階で実現をこころみたのだ。その時は私もまだ大学を出たてで若かったから、彼のそんな心情に思いをはせたことはなかったが、しかし考えてみると、私はあの時、たしかに彼の夢の片棒をかついでいたのである。

私がニューギニア島を旅するのは、いつのことになるのだろうか。もしかすると私もFさんのように、四十歳を過ぎてから、夢の一つを実現することになるのかもしれない。しかしそれがいつになっても別に構わない。何冊も積み重なった未読本の背表紙の中にこの本のタイトルを目にするたび、彼は今どこで何をしているのだろうと、私はFさんのことを思い出す。そしてもう一度ニューギニア島を訪れたいという気持ちがわきあがる。

初出　ブックリスタ「ずっと読もうと思っていて読めずにいる本の話」リレーエッセイ第四回
二〇一二年二月公開

解説　冬山の掟

『冬山の掟』新田次郎（文春文庫）によせて

この本を読みながら私は、七年前に雪崩に埋没した時のことを思い出していた。

二〇〇六年三月、私は大学の後輩と二人で北アルプスの黒部峡谷をスキーで横断していた。長野県側から後立山《うしろたてやま》連峰の針《はり》ノ木岳《きだけ》を登って反対側の谷を下り、雪に覆われた黒部湖を渡り、立山連峰のザラ峠を越えて、富山県側の湯川谷《ゆかわだに》に滑り降りるという計画である。初日は天気が良く、針ノ木岳を越えたところでツェルトを張って幕営した。二日目も好天は続き、黒部湖を渡る時には空は突き抜けるように青かったのだが、富山側のザラ峠に登るあたりから上空にどんよりとした雲が広がりはじめた。

悪天が近づきはじめたので、われわれは何とかその日のうちに下山しようと考え、日が暮れてからも行動を続けていたが、しかし真っ暗になった時点で、さすがにこれ以上は無理だと判断し、適当な斜面に雪洞を掘って泊まることにした。

雪崩が起きたのはその夜のことだった。

寝袋の中ですやすやと眠っていると、突然猛烈に重い何かがドスンと身体の上に落ちてきて、その衝撃で目を覚ました。それと同時にドドドドッ……という音が耳の中に入ってきて、すぐに斜面の上部で雪崩が発生して雪洞がつぶされたことが分かった。私は過去に一度、日光で山スキー中に雪崩に埋まったことがあり、完全に身体が埋没するとそのうち息をすることができなくなることを経験的に知っていた。そのため反射的に手足を動かして、口のまわりの雪をどかして呼吸を確保しようとした。

ところが上から重たい雪が絶え間なく積み重なるせいで、動きは完全に封殺されてしまい、右手で口のまわりの雪を少しどかすことができたのと同時に、もう指先一本動かすことができなくなってしまった。

身体の上に堆積する雪の量はみるみる増しているらしく、つい先ほどまで聞こえていたドドドドッ……という雪のブロックが滑り落ちていく音も、すぐに聞こえなくなった。まもなく完璧な暗闇と静寂に取り囲まれた。恐怖にかられた私は意味もなく言葉にもならない声を上げて絶叫したが、叫び声をあげると、その瞬間に口のまわりの酸素が一気に消費されて急速に息苦しくなるようで、すぐに叫ぶのをやめた。それからというもの、私はただ黙って雪のしたで死ぬのを待っていた。状況的にはどう都合よく考えても死ぬのは避けられなかった。狭い雪洞で二人が並んで寝ているところに、ものすごく重たい雪のブロックが落ちてきたわけだから、隣の後輩も埋まっているに決まっている。私たちはこの立山の、死に場所としてはたいしてドラマチックでもない地味な谷底の一角で、不本意にも人生最期の時を迎えようとしていた。

死ぬことは確定した。とはいえ、自分が死ぬことに納得できたわけではなかった。私は肉体的にも精神的にもものすごく健康体で、やろうと思えば腕立て伏せの百回ぐらいはまだまだできるはずである。意識も明瞭だし、多少冷静さを失っている点をのぞけば、思考的にも十分論理的に物事を考えられる状態にある。それなのに状況的には雪のしたに埋まっており、次第に息苦しさは増していき、死はもはや避けられそうもなかった。私は自分の身体と状況との間に横たわるこの溝というか矛盾を完全に受け入れることができず、本当におれは死ぬのか？　何かのまちがいではないのか？　との疑いを払拭することができなかった。ただ時間はまちがいなく死に向かって突き進んでおり、明敏に働く意識だけが場違いな感じでその状況から取り残されていた。

何の根拠もない話だが、その時まで私はなんとなく、人間誰しも最期を迎える時ぐらいは、それまでの人生に対して完璧な総括をして、すべてを納得して死ねるものだと思っていた。そういう偉大な瞬間が訪れるものだと漠然と信じこんでいた。

ところが実際に死の間際までいってみると、そのような偉大な総括の瞬間というのは訪れなかった。自分の人生に、おれはこれをやったのだと納得できることは何もなかった。逆にやり残したことが無数にあって、それをやるだけの意志と能力と時間も自分には十分あると信じているような、そんな人生の建設途上に、まだいたのである。これから先も続くと信じていた時間と意識が不意に分断されることに、私は激しく混乱した。なにか不条理なものを感じて叫び出したい衝動にかられたが、また息苦しくなるのでそれもできず、必死に身体を動かそうとするが、すでに雪の重みで指先一本微動だにせず、ひたすら無音無動でしばらくもがき苦しんだが、最終的にはその圧倒的な物理的な力の前にもはやどうすることもできないことを悟り、強制的に死を受容させられていた。

それから七、八分ほどだと思うが、私は死を前にした人間とは思えないほどどうでもいいことを考えながら、大人しく自分が死ぬのを待っていた。そしていよいよ生きることを観念した頃、雪の向こうから、おかしな幻聴のような声が聞こえてきた。その声はどこか聞いたことがあるような声色で、カクハタさん、カクハタさん……と私のことを呼んでいる。だが、それは三途《さんず》の川の向こうから聞こえてくる幻聴ではなかった。一緒に隣で埋まっているはずの後輩の、独特の少し甲高い声が、ザク、ザクとスコップで雪を掘りだす音とともに聞こえてきたのだった。

ところで『冬山の掟《おきて》』を読んで私が、この雪崩の話を思い出したのには理由がある。それは、この雪崩体験が非常につまらないことが原因で起きた出来事だったからだ。

あの時、われわれは二日目に危険な斜面に雪洞を掘って、結果的にそこで雪崩に遭ったのだが、後から考えると明るいうちに行動をうちきり平らな場所に泊まっていれば、雪崩などには遭わずに翌日安全に下山することができたはずだ。というよりも、燃料と食料は予備の分が十分に残っていたし、町まではまだ距離が結構あったわけだから、逆にそうするほうが普通だったとさえいえる。

それなのになぜ焦って下山を急ぎ、日が暮れても行動をつづけたかというと、じつは早く町に下りてその日のうちに焼肉を食べたいと私が言い張ったからだった。そんなどうでもいい欲望を優先させたせいで、危うく死にそうな目に遭ったわけだ。

それと同じように、この短編集の中で描かれた多くの遭難もまた——私のケースよりはマシかもしれないが——下らないことが理由で起きたものばかりで、ほとんどの物語で男女関係における変な意識や嫉妬、あるいは男の下らないプライドが山での判断を狂わせて、そして遭難にいたっている。

もちろん私がここで下らないと書いたのは、山こそ崇高であり、下界の痴話じみた男女関係や雑事など山に比べると格段に劣る、という意味からではない。あくまでこれらの物語は山を舞台にしているわけだから、登山的規範からみた場合、下界の雑事を持ち込んで遭難するというのは真剣に山と向かい合うことができていない証拠なので、それにより遭難するのは登山としては下らないという意味である。

登山というのは瞬間的な判断の積み重ねにより成りたつゲームである。気象によってルート状況は刻一刻と変化するし、天気次第では行動できなくなることも珍しいことではない。そのため登山者は常に自分のおかれた状態を的確に把握し、それを頭で考えながら登山の続行を判断しなければならない。

たとえば冬山を登りにきたが、悪天候が続いたため三日間の停滞を余儀なくされたとする。その場合、計画よりも大幅に遅れているので下山するという選択肢もあるだろうが、一方で天気図を見ると明日から一日半ほど天気が回復する可能性があるので、もう一日待って登頂を試みるという判断もあるだろう。あるいは雪崩が起きかねない、少しいやらしい雪質の斜面が現れたとする。教科書通りに考えるならロープを出して安全を確保すべきであるが、場合によっては日暮れが近づき、急がないと安全なキャンプサイトまで到着できないことも考えられる。そういう時はスピードを優先して、ロープで確保せずに斜面を一気に登るという判断もあるだろう。

登山者はこういう細かな判断を繰りかえしながら山を登っているわけだが、遭難する場合はこうした判断の際に細かなミスが重なり、次第に状況が悪くなって起きてしまうケースが少なくない。判断するといっても人間の思考はそこまで万能ではない。状況に流されやすいし、実際の現場だと、例えばロープを出すのは時間がかかって面倒くさいので、何とかなるだろうという楽観的な考えが勝ってそのまま登るということが、じつは頻繁に起きる。そして大丈夫だろう、何とかなるだろうと判断して行動を続けているうちに、いつの間にか一線を越えて、もう大丈夫じゃない状態に陥っていたというのが遭難する時の典例的なパターンだといえる。

そして、その判断ミスを引き起こす大きな要因のひとつが、もしかしたら下界での雑事なのかもしれない。私のケースだと焼肉を食いたいという、どう考えても命とつりあわないその場限りの食欲に目が曇り、安全な場所に雪洞を掘ることなく行動を続け、気がついた時には日が暮れて真っ暗になり、周囲の安全も確認できないような中で、危険な場所に雪洞を掘らざるを得ない状況に陥っていた。同様に本書の中の一篇《いっぺん》である「遭難者」では、救助された男は天候が悪化して周囲が霧に覆われはじめたにもかかわらず、女に格好いいところを見せたいがために人の少ない南斜面を滑り続けて遭難している。山の中で人は実に下らない理由で遭難したり、死んでしまったりするのである。

ただ、見方を変えれば、そういう下らないミスを犯すのが人間なのだ、ということがいえなくもない。これまで述べたように、山では露骨に登る者の人間性が試される。体力や精神力や知識や経験だけでなく、楽観的か悲観的か、楽をしようとする性格か正攻法でじっくり攻めるタイプか、集中力があるかないかなど、要するにその人の精神のすべてが試され、それが山を登る時の判断にそのまま現れる。だが、多くの人間は完璧ではないし、完璧な判断を下して状況に対応できるわけではない。おそらく山に登らない人は、登山には命がかかっているのだから、どんな状況にも慎重に対応し、安全を最大限に優先して、少しでも危険があると判断したら無理はしないのだろうと思っているのかもしれないが、必ずしもそんなことはなくて、後から聞くと驚くようなのんきな理由で、一か八《ばち》かみたいな危険な場所に留まって遭難する人間はいくらでもいる。しかし、彼らは死のうと思って死んだわけではなく、その時の状況ではそういう判断しか下せなかっただけなのだ。その判断を下した時、自分たちはまだそこまで危機的な状況に足を踏みいれていないと思っていたにすぎないのである。

そして、その判断の中に、下界での男女関係の変な意識だとか、男の面子《メンツ》などといった愚にもつかないものが入り込んでくるのが、人間の悲しい性《さが》なのかもしれない。下らないことを考えているうちに天候が予期せぬ勢いで悪化し、気がついたら引き返すことのできない一線を越え、死の領域に足を踏みいれている。そこに遭難の恐ろしさはあるし、人間的な弱さだとか脆《もろ》さだとか儚《はかな》さなどが現れて、何ともいえない気持ちにさせられるのである。

初出　『冬山の掟』新田次郎　二〇一四年一月一〇日第一刷発行（文春文庫）

対談

冒険する人間と、書き手としての自分
×石川直樹

石川直樹（いしかわ・なおき）　写真家・作家。一九七七年、東京生まれ。二〇〇〇年、地球縦断プロジェクト「Pole to Pole」に参加し、北極点から南極点を人力踏破。〇一年にはエベレストに登頂し、世界七大陸最高峰登頂の最年少記録（当時）を塗り替えた。〇八年、『最後の冒険家』『太平洋に消えた神田道夫』（集英社）で第六回開高健ノンフィクション賞、『NEW DIMENSION』（赤々舎）および『POLAR』（リトルモア）で日本写真協会新人賞、講談社出版文化賞。一一年、『CORONA』（青土社）で土門拳賞。『ぼくの道具』（平凡社）、写真集『K2』（SLANT）ほか。

二人の冒険者が歩んできた道

角幡　僕が早稲田大学三年生の時、探検部の新人向けの説明会に石川君が来た。あれが二人の初めての出会いだよね。

石川　一九九七年ですね。僕は一浪してますから、学年では二つ下になる。

角幡　当時から石川君はけっこう名前が知られてて、文学好きの同期の部員が「あいつ（石川氏）のおじいちゃんは作家の石川淳《じゅん》だよ」って教えてくれたのを覚えてる。

石川　すでにいろんなところへ行って、紀行文を書いてましたからね。

角幡　結局、石川君は探検部に入らなかった。まあ、正解だったよ（笑）。

石川　もともと大人数で行動するのが得意じゃなくて。誰か友達に会いたい時だけ顔を出す、みたいなタイプなんですよ。ただ探検部には入らなかったけど、同期の友人がいたのでよく部室には遊びに行きました。だから角幡さんとはけっこうつき合いがあったんですよね。

角幡　石川君はいろんなことをどんどん一人でやって、次々に結果になっていく。「Pole to Pole 2000」[注1]も探検部では当然話題になってて、「すごいなあ。遠くへ行っちゃったな」って思ってた。僕なんか、どこ行ったらいいんだろうってウジウジしてたから（笑）。

石川　僕は高校二年生でインドとネパールに行き、浪人の時にベトナムやカンボジアを一人旅していました。

角幡　エベレストに登ったのはいつ？

石川　登頂は二〇〇一年の五月二三日です。二三歳でした。

角幡　その時、僕はもう早稲田を卒業してたけど就職してなくて、ヨットでニューギニアに行ってた。カールステンツ峰というオセアニアで一番高い山に登る、ある有名なクライマーの冒険計画に参加したんだよね。でもいろいろあって登れなかった。で、安宿で鬱屈してた時に、日本の彼女に電話したら「石川君が『ニューステーション』に出た」って聞かされて、ジェラシーというか、いいなあって。「こんなんだったら早く帰りたい」と。

石川　（笑）。

角幡　互いに早稲田を卒業してから二人が会ったのは……あ、神田道夫[注2]さんが一回目の気球の冒険を失敗したあとか。石川君も神田さんと一緒に行ったんだよね。

石川　熱気球による太平洋横断ですね。

角幡　その失敗のあと、二回目の冒険の前に神田さんがまたでっかい気球作って、栃木市で浮上実験を何度もやってた。その頃、僕は朝日新聞の北埼玉支局勤務で、神田さんも埼玉県出身だということで取材に行った。そしたら石川君がいて、久しぶりに言葉を交わしたんだよね。

石川　新聞記者時代の角幡さんってどうだったんですか。やっぱり探検に後ろ髪を引かれながらだったのか、記者の仕事は仕事ですごくのめり込んでたのか。

角幡　思いきり引かれてたよ、後ろ髪を（笑）。

石川　記者の仕事が嫌だった？

角幡　嫌ではないけど、物足りないというか。新聞の文章表現の限界みたいなものを感じてたんだよね。
石川　でも普通の人には「大企業に入って羨ましい」と思われる境遇ですよ。
角幡　それは、会社辞めてから痛感した（笑）。
石川　探検部の仲間で会社に入りたくても入れなかった連中はいっぱいいたでしょうし。
角幡　自分ではそんなに意識してなかったけど、やっぱりすごく言われる。たぶん国家公務員を辞めて何かやるとか、そういう感じに近いのかな。朝日新聞ってそんなにステイタスがあったんだと思ってびっくりした（笑）。
石川　給料もいいらしいし（笑）。
角幡　実は……朝日の記者時代、僕も誘われたんだよね、神田さんの太平洋気球横断挑戦に。石川君が二回目を誘われたけど断ったので、そのあとこっちに話が回ってきた。僕は「いいっすよ」みたいな感じで引き受けて、会社に同行ルポの企画書出したんだ。必要な装備だとか神田さんの経歴だとか安全対策だとか、Ａ４用紙三枚ぐらいに机上の空論を並べた（笑）。まあ当然、はねられた。
石川　なぜですか。危険すぎる？
角幡　うん。新聞だと、その冒険に社会性があるのかってことも気にするしね。
石川　それで企画が通らなかった。

角幡　かといって朝日を辞めてまで神田さんの計画に乗ろうというつもりは、僕にはなかったんだよね。結局、他人の計画じゃない？　僕は自分でやりたいタイプだから。で、僕が断ったあと、神田さんは一人で行くことにした。

石川　その出発の時も僕たちは会ってるんですよね。

角幡　神田さんが離陸した時のシーンは、今でも鮮烈に記憶してるんだよね。覚悟を決めたような表情をしてたから。

石川　落ち着き払ってましたね。

角幡　自分が死ぬかもしれない、というのはある程度感じてたのかもしれない。でも、本当に永遠にいなくなるとは思わなかったけど。

影響を与えられた冒険家たち

石川　僕たちは二人とも、神田さんという冒険家と接点があったわけですけど、今の時代で冒険家といえる人って誰なんでしょうね。

角幡　やっぱり山野井泰史[注3]さんは、僕はすごいと思う。あとは誰だろう……有名どころだと植村直己[注4]さんも。一人で北極行くとか南極行くとか、発想のスケールのでかさが今の時代にないというか、やろうとしてもできない。日本の冒険史の中では、河口慧海[注5]と並んで傑出した存在だと思う。

石川　角幡さんは何を目的にヤル・ツアンポー峡谷[注6]へ行こうと思ったんですか？　自分の行為を文章にするためだったんですか。

角幡　一回目は、探検のつもりで行った。でも今回はもうライターとして生きていくつもりだったから当然、作品にしたいという強い気持ちもあったよね。石川君は神田さんの冒険の一回目に同行したわけだけど、その時の気持ちってどうだったの？　つまり、純粋に冒険に参加した？　それともどこかで文章にすることが頭にあった？

石川　もちろん書くということもあったけど、自分がやってないことは何でもやりたいという気持ちがすごく強くあって。気球で海を渡るなんて普通じゃできないことに誘ってもらったんで、それはぜひってことで。

角幡　僕は来年（二〇一一年）、北極へ行きたいと思ってる。

石川　北極で越冬をするわけですよね。それってすごく忍耐がいることじゃないですか。僕は越冬したいとは思わないなあ。そのへん、角幡さんは特別だと思うんですよね。

角幡　でも石川君だって自分が体験してないことをやってみたいと思っているわけだから、そのあたりは同じなんじゃないかな。僕は越冬しないと真の北極の姿がわかんないと思ったんだよね。昼間の陽《ひ》が照ってる時だけ行ってもどうなのかなと。最初は別のテーマで北極に行くつもりだけど、越冬はそのうちやりたい。

石川　北極の氷上で越冬する人は長い間いなかったんですよね。なぜいなかったかというと、誰もやりたがらなかったから（笑）。あえてそれをやろうという気概が、角幡さんらしい。やっぱり角幡さんは書き手の部分をすごく持ってるんですよ。

角幡　極地探検には壮絶な歴史があって、昔はおびただしい数の死者が出てた。そうした悲劇をもたらしたものは何なのか、あるいは昔の探検家を引きつけた北極の魅力は何なのか、そういう視点で書きたいなと思ったんだよね。

石川　でもその方向性を突き詰めていくと、テーマというかネタがどんどんなくなってきますよね。

角幡　ネタの前に命がなくなる（笑）。

石川　そういうハードな方向性が、角幡さんらしい。でも沢木耕太郎さんの『凍』[注7]じゃないけど、冒険をする人間と書き手は別であったほうが優れたものができる、という場合もありませんか？

角幡　冒険者としての自分と書き手としての自分の距離感は本当に難しい。どんどん状況が危なくなってる時でも、それを客観的に捉えて「今、面白くなりつつあるかも」とか考えてるんだよね。でも、もっとヤバくなれば面白いって考え出すと、やがて意図的に書くための状況を作り出しかねない。そのへんはちゃんと線引きしなきゃいけないと思う。

石川　僕は臆病だから、逆になんとなく引いちゃうところがある。でも書く時とやる時の、どっちがどっちというのは本当に難しいところで……。角幡さんの場合は、やってることに言葉が追いついている稀有な例ですよね。そういう人ってなかなかいないし、だから今まで冒険とか探検をしながらきちんと作家業も引き受けられる人がほとんどいなかったというか。

角幡　『最後の冒険家』の時はどうだった？　つまり神田さんに同行した時は、書こうという意志はなかった？　それとも……。

石川　もちろんこれまでにない経験ができると思ったし、ちゃんと書けたら有意義な記録になるだろうと考えましたよ。

角幡　海に落下してゴンドラに浸水してきた時なんか、頭の中でメモ取ったりしなかった？　あとで書くために覚えておこう、とか。

石川　ないない。そんな余裕なんて全然なくて、本気で「死ぬ」と思った。だってどんどん海水が下から上がってきて止まんないわけですよ。上がってくる、上がってくると思うだけで恐ろしかった。写真やビデオだってほとんど撮れなかったし。

角幡　普通、一回目で懲りれば二回目はもう行かない。石川君ですら行かなかった。でも神田さん行くわけじゃない？　そういう冒険家としての資質において、神田さんと石川君を隔てたものは何だったんだろう？

石川　神田さんは肉を切らせて骨を断つことが平気でできる人だったんですよね。冒険家ってみんなそういう人たちなんだと思います。だって冒険というのは、肉を切られるリスクを背負わないと成し遂げられないわけで。だけど僕は、痛いから肉も切らせないように防御してしまう。冒険家気質ではないんですよ。

角幡　初回で着水したにもかかわらず、神田さんは二回目もその可能性を考えてなかった。

石川　二回目は籐《とう》のバスケットで行っちゃうわけですから、着水のことなんてほとんど考えてないですよね。そういうところが一途というかすごい。角幡さんも今回、生きるか死ぬかのところをやっと帰ってきたわけですよね。そしたら、もう二度と極限状態に身を置くのは嫌だなと思うのが人間だと思う。にもかかわらずまた北極へ行きたいと思うのは、角幡さんにも神田さんみたいな資質があるんじゃないかという気がするんです。

角幡　やっぱり僕は冒険のすごく原初的な形態というか、いろんなものが粗末だった段階であういう厳しい環境に行ってたことにすごく興味がある。極地に興味を持って今でも行く人はいっぱいいるけど、やっぱりスコット[注8]とかナンセン[注9]とか、ああいう時代の記録は迫力が違う。だから極地での冒険とは何かって考えてみると、やっぱり昔の人がやってたような形に行き着いてしまう。

石川　追体験するわけですね。ヤル・ツアンポーだと誰ですか。今までの探検家の中でこの人間がナンバーワンだという人は？

角幡　キングドン＝ウォード[注10]かな。ただ冒険的には、極地の冒険家のような迫力はないけどね。

石川　極地では？

角幡　やっぱりナンセンかな。信じられないようなことを平気でやってるからね。ナンセンなんか石積みの小屋作って白クマやらセイウチやらを殺しまくってその肉を貯蔵して、二人で越冬してる。カヤックが流されたから氷の海を泳いで取りに行ったとか、「何だ、この人たちは」みたいな（笑）。

石川　角幡さんはすごくトラディショナルな形で探検に突き進んでいくけど、例えば僕の友人の服部文祥[注11]さんみたいに高所登山などではなく、最低限の装備で日本の山の中に入って、カエルやヤモリを食べながら縦走していくサバイバル登山のような方向に行っちゃう人もいる。

角幡　服部さんはＫ２に登ったんだよね。

石川　ええ。Ｋ２に登るというのはエベレストに登るよりもはるかに技術がいるすごいことですけれど、彼はその次にもっと高い山に登ろうとか難しいルートへ、というんじゃなくて、日高とか日本の山に入っていって、そこでサバイバルを試みる。

角幡　服部さんがＫ２に登った時は、すごく大きな遠征隊だった。昔ながらに荷物上げてキャンプ作って、また荷物上げてという、前時代的な物量作戦で登った。それじゃあ自分の力で山に登ったことにならないという違和感から始まってる。現代文明というか、自分を守ってくれてる装備を取っ払って、自分の力だけでどこまで登れるのかというのがすごく面白いところなんだよね。

石川　佐藤裕介《さとうゆうすけ》注12さん、横山勝丘《よこやまかつたか》注13さん、谷口《たにぐち》注14けいさん、平出和也《ひらいでかずや》注15さんといった現代の先鋭的なクライマーたちとは別の方向性で勝負してますよね。

作家として目指す到達点

角幡　石川君は来年だっけ、エベレスト。

石川　ええ、行く予定です。

角幡　動機は？

石川　九年前にチベット側から登ってるんです。今度はネパール側から登って、両側から登ってみてエベレストのルポを書きたいというのもあるし、写真も撮りたい。これさえ読めばエベレストの現在がわかるぞ、という決定的な本を一冊作りたいんです。角幡さんはライフワークとして、長いスタンスで書いていきたいものって、ありますか？

角幡　冒険って突き詰めて考えると、生きることがすごく単純化されたシーン、あるいは凝縮された場面じゃないかな。ヒマラヤだったらヒマラヤ、北極だったら北極のどんな要素がその充足感をもたらしてるのか？　冒険の瞬間瞬間に宿ってるその意味をテーマに書きたいなと思ってる。石川君は？

石川　見慣れた世界だったのに、それを読むことによって全然違う新しい世界が目の前に迫ってくるような、今まで自分の中にあったものを揺さぶってくれるような内容のものを作っていきたいです。そういえば角幡さん、開高健ノンフィクション賞を獲ったあとの飲み会で、誰かに「チベット奥地の冒険もいいけど、半径数メートル以内のことも書いてくれ」と言われたんですって？

角幡　でも僕の強みは、体を使って人が行けないようなとこに行けることだから……。今、自分がやりたいのもそれだし。北極を含めてあと二、三回、ほかに行きたいところもあるから、とりあえずはこの路線で。

石川　自然方面ってことですよね。都市の闇とかじゃなくて。

角幡　うん。戦場取材なんかにも興味はあるんだけど、ほかにもやってる人が大勢いて競争激しいしね（笑）。

初出「kotoba」二〇一一年冬号［NO．2］二〇一〇年一二月六日刊行（集英社）
構成＝河崎三行

注1　Pole to Pole 2000●カナダの冒険家マーティン・ウィリアムズが企画した国際プロジェクト。二〇〇〇年、石川は世界七カ国から選抜された同年代の若者たちとともに、九カ月かけて北極から南極までスキー、自転車、カヤックなどの人力で踏破した。

注2　神田道夫●一九四九年生まれ。熱気球飛行で数々の世界記録を打ち立てた冒険家。二〇〇四年に石川と熱気球での太平洋横断に挑戦して失敗。二〇〇八年、単独で二度目の太平洋横断へ飛び立った後、行方不明に。

注3　山野井泰史●一九六五年生まれ。高所における高難度クライミングで世界的評価を受けてきたクライマー。二〇〇二年、ヒマラヤのギャチュンカン北壁の登頂に成功するも、帰途で雪崩に遭い壮絶な苦闘の末に脱出。復帰後も中国四川省にあるビッグウォールのポタラ北壁を完登するなど、旺盛な活動を続けている。

注4　植村直己●一九四一年生まれ。世界初の五大陸最高峰登頂、犬ぞりによる北極点単独行、グリーンランド縦断などを成し遂げた世界的冒険家。一九八四年二月、世界初のマッキンリー厳冬期単独登頂を果たした後、消息不明に。同年四月、国民栄誉賞受賞。

注5　河口慧海●一八六六年生まれ。黄檗宗《おうばくしゅう》の僧侶。原典に最も近いというチベット語訳の仏教経典を求め、チベットへ二度にわたって潜入。当時のチベットは鎖国状態にあり、その禁を破った外国人には死罪が待っていた。慧海は例外的に往来が許されていた中

国人僧侶に身をやつし、人目を避けてヒマラヤ山脈経由で越境を果たした。一九四五年没。

注6　ヤル・ツアンポー峡谷●チベット奥地にある峡谷。一八〇〇年代からその最奥に「幻の滝」が存在すると噂されてきたが、地形の険しさから誰も確認できなかった。一九九八年、チベット仏教研究者イアン・ベイカーがチベット仏教の秘密文書やラマ僧の言葉を手がかりに、この滝を発見した。

注7　『凍』●二〇〇五年、新潮社から刊行された沢木耕太郎のノンフィクション。二〇〇二年にヒマラヤで雪崩に遭遇した山野井夫妻の生還劇を描いている。

注8　スコット●ロバート・スコット。一八六八年イギリス生まれ。一九一〇年、人類初の南極点到達を目指すが、一カ月の差でノルウェーのアムンセン隊に先を越される。一九一二年、南極点からの帰途、身体衰弱と悪天候のためスコット隊は全滅した。

注9　ナンセン●フリッチョフ・ナンセン。一八六一年ノルウェー（スウェーデンとの連合王国下）生まれ。一八八八年、グリーンランド横断に成功。一八九三年から九六年にかけて極地探査船「フラム号」で北極探検を行う。帰国後は政治活動に傾倒し、国際連盟の結成などに尽力。一九二二年、ノーベル平和賞を受賞。一九三〇年没。

注10　キングドン＝ウォード●フランク・キングドン＝ウォード。一八八五年イギリス生まれ。一九二四年から一九二五年にかけて東チベットの植物採集調査と探検を行った際、

ヤル・ツアンポー峡谷に足を踏み入れた。その旅行記は一九二六年に出版され、日本でも『ツアンポー峡谷の謎』（岩波文庫）として翻訳されている。一九五八年没。

注11　服部文祥●一九六九年生まれ。一九九六年、カラコルム・K2登頂。一九九九年から装備を切り詰め食料を現地調達するサバイバル登山を始め、南アルプスなどを踏破。二〇〇五年からは狩猟を取り入れた冬期のサバイバル登山も実践する。

注12　佐藤裕介●一九七九年生まれ。登山家。一村文隆、天野和明、横山勝丘らと先鋭的登山ユニット「GIRI GIRI BOYS」を結成。二〇〇八年、一村、天野とともに行ったインドヒマラヤ・カランカ北壁をアルパインスタイル（少人数、最小限の装備で行う登山）で初登する。この業績により、毎年全世界で最も優れた登山を行った登山家に贈られる「ピオレドール賞」を、谷口けいらとともに日本人として初めて受賞した。

注13　横山勝丘●一九七九年生まれ。登山家。二〇〇八年、「GIRI GIRI BOYS」として佐藤、一村とアラスカ・ベアートゥース北東壁初登。これにより、ピオレドール賞候補にノミネートされる。二〇一〇年、岡田康とともにカナダ最高峰であるローガン山南東壁を初登。

注14　谷口けい●一九七二年生まれ。登山家。二〇〇八年、平出和也らとともにインド・カメット峰南東壁で新ルートを開拓。この業績により日本人としてのみならず、女性と

して初めてピオレドール賞を受賞した。

注15　平出和也●一九七九年生まれ。登山家。谷口の登山パートナーとしてインド、パキスタン、チベットの山々を登り、二〇〇八年、インド・カメット峰南東壁で新ルートを開拓。谷口らとともにピオレドール賞を受賞した。

解説　スーパーアルパインクライマー宮城

『外道クライマー』宮城公博（集英社インターナショナル）によせて

宮城《みやぎ》君から私のアウトルックの受信トレイに変なメールが届いたのは、もう四、五年ほど前になるかと思う。彼は、私が自分のブログに書いた北穂高岳滝谷第四尾根の登山の記事を読んでメッセージを送ってきたのだが、それがたしか、彼との最初の接触だった。

私が滝谷の四尾根を登ったのは五月の大型連休の話であり、春にこのルートを登るのはとくに珍しい記録ではない。それでも彼は一応「いい登山をしていますね」と社交辞令的な口上を書き、そのうえで私の記事を読んで自分もすぐに滝谷に向かったと記していた。彼が興味を示したのは第四尾根ではなく、その途中で私が撮影した、より登攀的なC沢右股奥壁の氷壁の写真だった。たしかにこのC沢右股奥壁の氷はなかなか挑発的なルートで、氷自体はまだ登られていない可能性があるため私もブログに載せたのだが、宮城君は写真を見て瞬時にその魅力に反応し、すぐに滝谷に向かったというのである。登攀自体はアプローチで雪崩の危険が高かったので中止したようだが、彼からのメールを見て私も〈えらく山に飢えたやつがいるもんだな。こういうオオカミみたいなのがいるから、自分が発見した氷を安易にブログで紹介するのは、やっぱり考えもんだな……〉とちょっと反省した記憶がある。自分が発見した氷を他人に登られるのは、山ヤとしては気持ちのいいものではないからだ。

とはいえ、この最初のやり取りで一番記憶に残ったのは、じつはメールの内容ではなく、彼が名乗っていた変名のほうだった。彼は宮城公博という実名ではなく、〈セクシー登山部〉の〈舐《な》め太郎〉という珍名な名前を名乗っていたのだ。しかもメールには、滝谷から下山する際に撮影したという、氷壁を全裸でボルダリングする自身の破廉恥な画像が添付されていた。

何だ、この写真？　もしかしてセルフタイマーによる自分撮り？

写真は一応正面からではなく背後から撮られていたので、身体中央の核心部こそ写っていなかったものの、セクシー登山部の舐め太郎という人物から唐突に送られてきた挑発的で品性の感じられない画像付き自己紹介メッセージに、私は数分の間、たじろいだ。すぐにグーグルでセクシー登山部を検索すると、短い登山報告とともに、基本的にネタは下品なのだが、妙に思索的で読ませる、いくつかの身辺雑記が見つかった。

ブログのなかの舐め太郎は、真面目を装った記事のなかでは〈奈目太郎〉という畏《かしこ》まった表記を使用していた。

触らぬバカに祟《たた》りなしだな……。

そう判断した私は、とりあえず舐め太郎に一応、形式的な短い返事を出して、あとは放っておくことにした。

それからしばらく経って、当時、頻繁に一緒に山に登っていた後輩が「そういえば、あのセクシー登山部の人ってスゴイですね」と、テントのなかで彼のことを話題にしたことがあった。その後輩は、変なやつから接触があったぞと私が話すのを聞いて、時間を見つけてセクシー登山部のブログを詳しく読みこんだらしい。ブログの少し古い記事のなかにはネパールの山を単独登攀した記録が写真付きで載っており、通常レベルのクライマーが一人で登れるような山には見えなかったというのである。下山してすぐにセクシー登山部のブログを読みかえしてみたところ、たしかに後輩が言及していたネパールの登山記録は存在していた。舐め太郎は上部で敗退こそしていたものの、写真の岩壁は巨大で激しく屹立《きつりつ》しており、そこに単独で挑戦した時点で、彼のクライマーとしての実力と冒険家としての強靭な精神力を窺《うかが》い知ることができた。

こいつはただのバカではなく、本物のバカかもしれない……。

セクシー登山部の舐め太郎という名が、知る人ぞ知るという感じで、登山界の深部でじわじわと語られるようになっていったのは、この頃だったと思う。どうも、すぐに裸になりたがる、とんでもなく登れるやつがいるらしい。いや、普通に登るときは裸じゃないらしい……といった、まさにヒソヒソと囁かれる雪男伝説みたいな感じだった。

実際に彼と面識を得たのは、登山仲間である群馬県のクライマー清野さんから紹介を受けたときだ。舐め太郎は別のパートナーと一緒に、かの世界有数の登山家山野井泰史氏が初登した一本岩というボロボロで危険な岩峰を登るため、群馬に殴りこみをかけにきた。ところが、パートナーが諸般の事情から登攀をドタキャンしたため、精神がいきり立って一本岩のようになっていた舐め太郎はその欲情のはけ口を失い、やむなく清野さんの山岳会の小屋に転がりこんできたのである。清野さんはその後、舐め太郎と一緒に高さ百メートルの垂直の氷瀑《ひょうばく》が連なる米子不動《よなごふどう》の難ルート〈正露丸〉を登りにいったようで、後日、その印象をたずねたところ、「昔の素浪人のような男だ」との的確な人物評を語っていた。今は主君を失い落ちぶれているが、もともと剣の腕はたしかで、いつでも仕官できるように刀を研ぐのを忘れない、そんな江戸時代の浪人のようなクライマーだったという。そのあと、宮城君と何度か山に登る機会があったが、清野さんもうまいことを言うもんだと感心したものだった。

宮城君が登山家として特殊なのは内側からあふれ出てくる強い自己表現欲求と、いまどきの若者には珍しいほどの反骨精神をあわせもっているところにあると思う。彼から山に目覚めた理由を聞いて驚いたことがある。彼はセクシー登山部のブログにも頻繁に登場する風変わりな友人を題材にした映画を撮るために上高地を訪れ、それがきっかけで一人で登山を始めたというのだ。つまり彼は登山家ではなく、もともと表現者としてこの世界に登場していた。だから山は今も彼にとって表現の一形式でありつづけている。

もともと登山は、登ったラインやルートを示すことで自らの世界を提示するという表現的性格のつよい行為である。ヒマラヤの高山の氷壁に描いた一本の美しい登攀ラインは、下手な文章や音楽よりもよほど人の心に訴える力を持っている。表現というのは自己を外の世界につなぎとめるアンカーロープみたいなもので、表現することで〈私〉の行為や思想は客観的に実体化され、私自身が世の中に定位されていく。登山行為もまったく同じで、それを文章なり写真なりで発表するということは、自己満足を越えた自己実現欲求の裏返しなのである。

宮城君はこうした登山が持つ表現的性格に、登山家として誰よりも自覚的である。最初は私も見落としたが、よくよく考えてみると、セクシー登山部のブログもまた彼の表現欲求と反骨精神が見事に映し出された作品だといえる。裸にハーネスだけつけて巨大な氷瀑を登る行為は、一見、バカバカしいように思えるが、しかし単純にスゴイので、「こんなことやって死なないの（逮捕されないの）？」というレベルでわれわれの常識を揺さぶるには十分である、それに、お上品に洋服なんか着なくてもこんな氷瀑は登れるのだということを示すことで、彼は世界の深層を巧妙に覆いかくしている世間的な欺瞞や建前を突き崩そうとしている。

そんな叛逆児《はんぎゃくじ》としての彼の一面が顕著に現れた一件が、本書の冒頭に記された那智《なち》の滝登攀だった。

彼らが逮捕されたとき、私はたまたま結婚前の妻を連れて穂高岳に山登りにいってい た。夏山の登山客でこみあう穂高岳山荘に立ち寄り、知り合いの山小屋関係者にあいさつしたとき、「佐藤裕介が那智の滝に登って捕まったぞ」と知らされた。携帯電話のヤフーニュースの記事には、三人のなかで対外的実績がずば抜けている佐藤裕介だけが実名で報じられており、他の二人の名前は書かれていなかった。しかし、もともと宮城君から〈ゴルジュ感謝祭〉に誘われていたけど断った経緯のあった私は、この冒険の扇動者が佐藤裕介ではなく宮城公博であることを瞬間的に直感した。たしかに佐藤裕介も大西良治も登山界の常識を打ち破り、その領域を押しひろげてきた希代の登攀者であることに間違いはない。しかし那智の滝登攀はそれとは少し性格がちがう。このような挑発的態度を登山という せまい世界にだけでなく、広く世間一般にたいしてさし向けるような登攀を考えつく不届き者はセクシー登山部の舐め太郎以外に考えられなかった。

このニュースを聞いたとき、私は得もいわれぬ妙な嫉妬心を感じた。なぜか、やられた、その手があったか……という敗北感を覚えたのだ。

もとより私は、もう二十年ほど登山を続けているものの、登山によって何かを表現しようと思っていないので登山家ではない。だから那智の滝の登攀を考えついたこともなかったし、そもそも私に那智の滝を登れるだけのクライミング能力はない。だから純粋に登攀的観点から私は彼の行為に嫉妬心をいだいたわけではなかった。そうではなく冒険的行為と社会との関係のあり方に一石を投じるようなことをやってのけたことに、同じ表現者として彼に嫉妬を感じたのだと思う。

あれの何がすごかったのか。それは彼らが那智の滝を登ることで、登山行為が本来抱えている原罪を露骨にあぶりだしたことにある。

どんなに行儀の良さを装ったところで、登山をはじめとする冒険行為一般は、反社会的であることから免れることはできない。山が趣味なら誰でも経験があるだろうが、登山を真面目にやると土日は必ず山に行かなければならないわけだから、結婚や家庭生活をまともに維持するのは難しくまた海外遠征をするとなると、まっとうな会社勤めも困難になる。こうした社会生活との表面的な摩擦は枚挙にいとまがないし、また、遭難したら救助費用などで世間に迷惑をかけるという論理にも一応の説得力がある。第一、山を登るということは、山に登らない場合よりも死の可能性が高まるのだから、その時点で社会と反目しあう性質をかかえている。安全登山などという交通標語みたいなお題目は、世間の常識と調和していることを装ったゴマカシ、欺瞞にすぎず、登山や冒険とは本来、危険で自立的な行為をさすのだ。

そもそも、それ以前の問題として登山や冒険とは本質的に社会の外側に出て行こうとする行為なのだから、その姿勢の時点で社会に背を向けていることになる。たとえば北極圏で冒険旅行をするときは大体イヌイットから「やめろ、死ぬぞ」と諫《いさ》められるが、それは私の旅がイヌイット社会が共有している常識の外側に向かう行為だからだ（逆にいえば、もしイヌイットから反対されないようなら、それは冒険ではない、という理解も可能だ）。作家の平野啓一郎《ひらのけいいちろう》がどこかで、赤信号で横断歩道を渡る者は、信号が変わるのを待っているほかの者を否定している、という主旨の文章を書いていたが、それと同じことが冒険にもあてはまる。冒険により社会の枠組みの外側に向かう決断をした者は、決断をせずに内側にとどまった者を切り捨てている。登山や冒険には必ず非登山者、非冒険者からの「なぜそれをやるのか」という質問が付きまとうが、その事実こそ登山の反社会性をある意味で物語っているだろう。社会の内側の人たちから説明責任を求められるような行為を反社会的であると言わずして何と言おう。

もちろん現代ではほぼ全員の登山者や冒険者が、こうした冒険の本質には目をつぶるか、気がつかないふりをするか、あるいは行為の意義を必死に抗弁して、社会に対して調和を保とうとする。ルールを順守し、許可を取得し、挑戦することは素晴らしいことなのですと本心ではどうでもいいと思っている意義を語り、本来なら社会の外に向かうはずの冒険行為を社会の内に留まるスポーツ的行為に変質させて、社会適合者であることを装っているのだ。しかし本心をあかすと、われわれ登山者、冒険者には、そうしたルールや規則を煩わしいと感じているところがあるし、できれば誰にも管理されていない地球の最果てで自由に、純粋に山や自然と対峙したいと望んでいる。そしてその登山者、冒険家が内側に抱える根源的な自由への欲求と、自由であればあるほど満足感が高くなるという登山の本質は、管理された社会のモラルとはどうしても齟齬《そご》をきたすのだ。

那智の滝登攀の特徴は、こうした冒険者、登攀者の根源的欲求をむき出しにし、われわれが普段つけている社会適合者の仮面などまやかしだと暴露したうえで、俺たちの行為って突きつめた場合、最終的に社会のルールとそぐわないんです、という本音を露骨に提示して登ってしまったところにある。もちろん法的には犯罪者だ。しかし、登山的な倫理から言うと、どうなのだろう。登りたいから登る。誰も登ってないから登る。そこに自由がある。この道徳律は登山的観点からすると完璧で、一分《いちぶ》のスキもない。おそらく彼らの行為を知ったとき、内心共感した登攀者は多かったはずだ――それを言うと社会から指弾されてブログが炎上するので皆口をつぐんだが。たぶん宮城君は、こうした反社会性を内在させたむき出しの登山的道徳律を社会にたいしてぶつけてみたかったのではないか。その意味でこの登攀は、社会的に断罪され、クライミングとしても失敗したが、表現としては成功した。なぜなら彼らの登攀が、こうした反社会性を志向する登山とはいったい何なのかという自省をわれわれ登山者自身に促したからである。そう、われわれはこの一件で、自分たちが志向している登山という行為が、犯罪とされた彼らの登攀とじつは何も変わらない地平にあることに気づかされたのである。少なくとも私はそう捉えた。

本書はタイのジャングルにおける長期間の探検的沢登りの話を中心に、台湾のチャーカンシーや称名廊下《しょうみょうろうか》の遡行、それに冬期称名滝、冬期ハンノキ滝登攀という、ここ数年、宮城君らが成し遂げ、登山界に瞠目《どうもく》をもって迎えられたビッグクライムの様子が描かれているが、この一連の行動の文章のなかにも、彼の冒険的表現者としての性格は何ら変わることなくあふれ出ている。彼にとっての〈山〉は森の風が爽やかに吹き抜け、陽光が燦々《さんさん》と降りそそぐ明るい岩壁にはない。ドロドロでぐちゃぐちゃのなかで瀑風に脅え雪崩に流されながら、文字通り汗みどろ血みどろ泥みどろウンコみどろになって、その果てに摑んだ生の一滴のなかにある。宮城君が用いた品性や良識を一切無視したPTAによって回収を命じられそうな文体は、彼のそうした行動と思想を見事に表しており、そのいわば〈行文一致型〉の文章により、読者は彼がなぜそうした山登りを志向するのか、その行為の始源にまでもっていかれる。

アルパインクライマーとしてもトップレベルにあるにもかかわらず、沢登りに固執しているところがまた、いかにも反骨者である宮城君らしい。日本の登山界には昔から

〈一番偉いのが冬期登攀で、二番目が普通の岩登りで、三番目が沢登りで、誰でもできるのがハイキング〉みたいなヒエラルキーが厳然として存在してきたが、宮城君はあえて下から二番目である〈沢ヤ〉を前面に押し出すことで、このくだらないヒエラルキーをぶち壊しにかかっている。

実際、この本のなかで描かれている遡行、登攀は、いずれも十年ほど前までは想像すらできなかったものばかりだ。宮城君一派は、ヒマラヤや海外のビッグウォールでも十分通用する（というか佐藤裕介はその分野の世界のトップクライマーなのだが）登攀技術と経験と創造性でもって、従来は登攀の対象とされなかった谷底の暗黒空間で極限的なクライミングを実践している。それはヒマラヤの技術的に難しくない未踏峰を登るような、残された人跡未踏地をあさる、いわゆる〈落ち穂拾い〉的な登山とはまったく性格を異にする行為だ。台湾や称名などは彼らの登攀能力があったからこそ見えてきたラインであり、先人たちの挑戦のすえに登山界の総体的な能力が向上した結果、人類が足跡をのこせる空間領域がじわじわと広がり、現時点で到達が可能となったその最先端部、と理解したほうが適切だろう。

もちろん王道ではない。宮城君の行為はどこか進化の系統樹で本筋からはずれて枝が途切れて絶滅していく生物種の危うさを思わせる。かなりギリギリのところを行っているのはまちがいない。が、だからこそ、地球の表面に刻まれた無数の襞《ひだ》のもっとも奥深くの、ジメジメとした薄暗い皺《しわ》の深淵でひそやかに展開されているこの行為こそ、近代アルピニズムが現時点で到達した達成のひとつともいえる。

もはやこれは沢登りとか、アルパインクライミングとか冬期登攀などといった、従来の固定化されたカテゴリーで呼び表せる登り方ではない。

いったい何と呼んだらいいのだろう。

やっぱりスーパーアルパインクライミングだろうか……。


筆者注・最後のオチは宮城君の本を読まないとわかりません。

初出『外道クライマー』宮城公博 二〇一六年三月三〇日第一刷発行（集英社インターナショナル）

第三部　旅から見えること

大江健三郎は『日常生活の冒険』（新潮文庫　一九七一年）のなかで若きモラリスト斎木犀吉に「知」の本質について次のように語らせている。

おれはひとつのテーマについて永いあいだ瞑想するのがすきなんだ。それで三時間おれはセックスの問題について瞑想していたんだよ。考えてみろよ、昔はモラリストとかフィロソファーとかがいて、基本的な命題をじっと徹底的に、自分の頭で追求したんだ、そして自分の声で表現したんだね。だから、その時代には、あの男は自然についてこう考えているとか、この男は悪魔の存在についてああいう仮説をたてているとか、町の人間がみな知っていたんだ。しかし今日ではそういうことはない。もう現代の人間どもは、いろんな基本的な命題については二十世紀の歴史のあいだにすべて考えつくされたと思っていて、自分で考えてみようとはしないんだ。そのかわりに百科事典をひとそろい書斎にかざっておいて安心している。おれはそれが厭なんだ、本質的なことはみな、いちどおれの頭で考えて、おれ専属の答を用意しておこうと思うんだ。

この斎木犀吉が考える知のかたちは、旅や冒険といった実際的行動によって得られる知と同質の性格を有している。行動によって得られるのは自らの言葉である。自らの言葉とは、自らの経験と思考に裏打ちされたこの世界を腑分《ふわ》けする自分なりの意味の広がりである。

獲得された言葉によって現実世界ははじめて意味を持つ。たとえばそれはまだ一歳にすぎない自分の娘を観察していても、そう思う。赤ん坊は言葉をおぼえることにより自分なりに現実世界に意味づけをほどこし、事物や事象に分節して理解していく。娘が言葉を覚える前に動物園に連れていきライオンを見せても、娘のなかにライオンという現実物に対応する言葉がないため、そのライオンは彼女にとって存在しないに等しい。しかし、写真絵本を見せてライオンという言葉を覚えさせたうえで動物園に連れていくと、彼女の内部でライオンが存在化し、喜びや感動や興奮という感情が生まれる。言葉を与えられることで彼女の内部に現実世界に呼応する意味空間が広がったのだ。

この例はもちろん赤ん坊だけに当てはまるものではない。大人でも旅や冒険で未知の世界に旅立つことで、同じ知の獲得過程を通過することがある。たとえば〈経験〉という言葉は一般的には〈実際に見たり、聞いたり、行なったりすること。また、それによって得た知識や技能〉（精選版日本国語大辞典）といった意味で使われていると思うが、私は過去の探検や登山から〈経験〉を〈想像力で捉えられる範囲が広がること〉というふうに自己規定している。探検の場数を踏むことで、様々なシチュエーションにたいする状況判断の回数は重なり、それらはデータとして自分の内部に蓄積されていく。場数を踏めば踏むほどデータのストック量は多くなり、どんどん更新されていき、データ量がある一定基準に達すると、新しい未知の状況の旅に出ても、過去のデータからその未知の状況を何となく想像できるようになる。また、それだけでなく過去の例に捉われない斬新な発想の旅のテーマも生まれてくるし、一歩まちがえれば遭難につながりかねないマズイ状況に陥ったときも過去のデータからその後の展開が想像できるため落ち着いて対応できたりもする。経験により想像力の範囲はみるみる広がり、私の世界は大きくなっていく。それが私が考える〈経験〉の意味である。

このように旅や冒険をして、まさに自分独自の経験を積むことで人間は、斎木犀吉のいうところの言葉にたいする自分専属の答えを獲得していくことができる。たとえば第二部の冒頭の文で書いた〈自由〉という言葉もそうだし、あるいは自然、状況、事実、土地、冒険、月、遊び、生活、日常、自力、表現など、私には書物からの知識の吸収過程を一切経ずに、完全に自分の経験だけから意味を自己規定した言葉がいくつかある。斎木犀吉のいうように、これらの事柄はこの世の中のベーシックな部分を形成する本質的な事柄だけに、より広がりのある意味世界に接続されている。そのため、これら本質的な言葉について自分独自の見解を獲得することで、私は自分独自の視点で現実世界の広い領域を洞察できるようになった気がする。旅や冒険に、生きることを希求するという以外の意味や意義があるなら、たぶんそこだろう。

行動で言葉を獲得し自分だけの観点で世界を見る。これら自分の言葉は世間一般で使われている意味と異なる場合もあるが、その言葉の意味は実体験がベースになっており、誰よりも自分自身にたいして説得力があるため、世間とズレていてもさほど気にならない。その意味で行動によって獲得される知は書物や資料の読みこみで得られる知と、その性格がまったく異なっている。それにくらべるとインターネットの検索エンジンで簡便に得られる知識など、便利で軽薄すぎてプロセスが完全に省略されており、獲得までに自らが関与する係数があまりに低すぎて、たとえ量的にどんなに膨大でも、獲得過程に思考の苦しみが全くないため、知というよりも単なる情報レベルにとどまってしまう。まったく世界は広がらず、せいぜい天気予報を知るときか時刻表調べか会合のための食堂選びのときに役に立つぐらいで、世界を自分の視点で洞察するきっかけにはならない。

記事　梅棹忠夫と西陣、北山

一昨年の夏、梅棹忠夫さんの名を冠した文学賞をいただく機会があった。梅棹さんといえば一定のジャンルにとらわれず、幅広い分野に業績を残した大学者であり、その一方で若い頃から中国東北地方の大興安嶺《だいこうあんれい》やアフガニスタンのヒンズークシなどで活躍した探検家でもあった。

同じ探検を土俵としているだけに、私は、梅棹さんをはじめとする、いわゆる京都学派の人たちに対して、ちょっとしたコンプレックスみたいなものをずっと持ちつづけてきた。一応、私も探検家を名乗り、恥ずかしげもなく名刺にもそれを肩書として記載しているのだが、やっぱり探検の本家は京都大学で、自分がやっていることは所詮亜流なのだという意識がつねに心の片隅から消えなかったのである。

梅棹さんは若い頃、モゴール族という謎の民族を探すためにアフガニスタンを彷徨《さまよ》うという滅法面白い探検をして、それを平易な文体でスリリングな本に書き著し、あろうことかベストセラーにまでなっている。それにとどまらず、このときの旅ではアフガニスタンの後にインドに足を運び、その経験をもとに『文明の生態史観』をまとめて当時の日本に大きな知的インパクトをもたらした。

要するに探検家などという大それた肩書を名乗る以上、本来ならこのように社会に対して新しい知見をもたらす役割があるわけで、それに比べたら私などほとんど乱暴狼藉《らんぼうろうぜき》に近いような無茶をやって、それを本にまとめているだけで、ちゃんと探検している京都の人たちから見たら、ほとんど鼻クソ程度にしか映らないのではないかと、そんなふうに自虐的に捉えていたわけだ。私には、京都の探検家が自分の本を読んだらどんな感想を抱くのだろうかと、どこかでその目を意識しているところがあり、それだけに梅棹さんの名を冠した賞をもらったときは、もしかしたら本家筋に認められたのではないかという倒錯した喜びがあった。

「山はわたしの人生のルーツ」

今更、梅棹さんの業績について振り返る必要もないと思うが、学術とは縁遠い私から見ると、この人は確かに不思議な人物に映る。学者であり探検家である一方、デビュー作ともいえる『モゴール族探検記』を読むと傑出したルポライターであるようにも思えるし、卓越したエッセイストでもある。もちろん『文明の生態史観』のような比較文明論から「妻無用論」といった女性論、テレビ放送が始まってまだ間もない一九六〇年代に早くも情報化社会の到来を予言した「情報産業論」に至るまで、思想的な足跡は一カ所にとどまることがない。略歴を見ると専攻は民族学と比較文明学ということになっているが、しかし確か大興安嶺を探検する前の若い時分は動物を対象とした生態学を研究していたはずだ。牛乳ビンでショウジョウバエを飼ったり、顕微鏡でプランクトンをのぞいたりしていた人が、いったいどういうわけで民族学や文明学に移っていったのか、そのあたりも外の人間にはなんだかよくわからない。それだけになんとなく鵺《ぬえ》のようなつかみどころのなさと、学者というより思想家と呼んだほうがよさそうな懐の深さを感じる。

このいくつもの顔を持つ人物から、その周りを取り囲む業績だとか経歴といったベールを取りのぞいたら、その原形質としては何が残るのだろう。そんなことを思いながら私は最近、梅棹さんの著作物を何冊か読み直してみた。すると読んでいくうちに、〈山〉と〈都市〉という二つの要素が、このユニークな大学者を生み出すのに大きな役割を果たしたのではないかと思えてきた。

山が自分の原点であることは本人も認めている。『山をたのしむ』の中で梅棹さんは〈山をしらなければ今日のわたしはなかった。山はわたしの人生のルーツであり、すべての出発点なのである〉と書いている。

梅棹さんが山登りを始めたのは京都第一中学校（現・洛北《らくほく》高等学校）に入学した後の

夏休みだったという。京都・北山の山小屋で二泊三日の昆虫採集旅行を行ったところ、すっかり山の魅力に取りつかれ、その勢いで山岳部に入部したそうだ。中学時代は、のちに師となる今西錦司《いまにしきんじ》らが選定した〈山城三十山《やましろさんじゅうざん》〉を片っ端から登りまくる。第三高等学校（現・京都大学）に入学した後も山登り熱は高まる一方で、北アルプスや南アルプスに通い詰める。そのせいで二度落第して除籍寸前のところまで追い込まれたという話は、彼の経歴を語るうえで不可欠な、そして微笑《ほほえ》ましいエピソードの一つとなっている。

梅棹さんが書いた〈山が出発点〉という意味は、基本的には山を登っているうちに自然を観察する目や手法が養われて、のちの研究者への道が切り拓かれたということだったと思う。しかし彼の本の中で〈山〉という単語が執拗《しつよう》に繰り返されるのを見るうちに、私には、山は梅棹さんにとって出発点以上の何かだったのではないかという気がしてきた。山が彼にもたらしたのは、目が養われたといった程度の表面的な効果ではなく、もっと深い精神構造の変革だったのではないか、そう思われてきたのだ。

自分は本格的な登山をしていない

先日、梅棹賞の選考委員長を務める元吹田《すいた》市立博物館長の小山修三《こやましゅうぞう》さんと京都でお話しする機会があった。小山さんは晩年の梅棹さんと最も深く交流された方の一人である。話題が梅棹さんと山とのかかわりに及んだとき、小山さんはある興味深い話を教えてくれた。梅棹さんは亡くなる二年前に、自分の後輩にあたる京都大学学士山岳会の三人の会員と対談を行ったことがあったのだが、その対談の後で精神的にひどく落ち込み、ウツに近いような状態になってしまったという。小山さんによるとそれは次のような理由だった。

「三人と話した後、自分は何度も遠征したけど、本格的な登山をしていないと。それでウツになってしまった」

対談相手の三人はヒマラヤ遠征など実績が豊富な登山家ばかりだった。それに対して梅棹さんは朝鮮半島の白頭山《ペクトサン》登山や第二松花江源流の確認、大興安嶺探検といった地図の空白部への探検経験は豊富だったものの、それらは山として特に難しいわけではなく、技術的には丘に毛が生えた程度で、困難に挑戦することに大きな価値をおくアルピニズムの対象になるような山ではない。しかも、その後はモンゴルやアフガニスタンでの学術探検に舵《かじ》を切り本格的な山からは遠ざかった。ヒマラヤの八千メートル峰マナスル遠征に参加するチャンスが巡ってきたことはあったが肺結核で逃したし、後年ミャンマーの最高峰カカボ・ラジに登る計画を立てたときも許可が取れずに実現しなかった。

「対談した三人とも大遠征家の方々で、皆さん梅棹さんが好きだから話すんだけど、その後で梅棹さんがウツになってしまう。それでどうしようもないので小山さん来てくださいと呼ばれて、慰めたりしてね。コンプレックスがないように見えて、実はあるんですね、人間には」そう小山さんは振りかえっていた。

ここで梅棹さんの落胆を理解するには登山家や冒険家の視点が必要となってくる。山に対するコンプレックスは、冒険をやりきれなかったことに対するコンプレックスと考えてもいい。登山家や冒険家の価値観には単純なところがあり、よりスケールの大きなこと、危険度の高いことをやった者に対して、あいつのほうが自分よりすごいことをやったと心の中でひそかに敗北を感じて嫉妬することが少なくない。小山さんの話が私の耳にのこったのは、そうした子供のような心情が、梅棹さんほどの業績をのこした大学者にもあったことがわかったからだった。亡くなる二年前の時点で、彼は登山家に対して羨望を感じていたのだ。

実は山だけではなく、梅棹さんは極地探検に対する憧れも率直に表明している。若い頃に将来の南極探検に備えて犬橇《いぬぞり》の訓練を樺太《からふと》でやったことがあり、そういう経験もあったためか、著書の中で北極での犬橇冒険に活躍した植村直己の行動を高く評価している。そして〈じつは、かれがやったことは、まさにわたしがやりたかったことなのだ。わたしが空想したことを、植村直己氏はほとんど実現してしまったのであった〉（『裏がえしの自伝』）とまで踏みこんで心情を明かしている。

山や極地探検は簡単に言うと、個人の情熱だけが元手のむき出しの冒険だ。その本当にやりたかった、むき出しの冒険を自分はできなかった。梅棹さんにはきっと、そうした引け目が最後まであったのだろう。むき出しの冒険はきわめて個人的な営為なので、それを終生続けることは難しい。大人になったら普通は人生を社会と折り合いのついたものにしなければならないが、個人的な冒険だとそれが難しいからだ。だから学術探検家、そして学者となり、個人的な冒険心を現実に合わせて修正していった。ところが気がつくと、植村直己という人は社会との折り合いなんかクソ食らえで個人的な冒険を貫徹させている。そこに自分の持ちえなかった純粋性と意志の強さをみてとったのではないか。

実際、その証拠に梅棹さんは京大探検部創設者でもある本多勝一との対談の中で、〈われわれ探検派というのは、そこんところをある意味で上手に、自分たちの冒険意欲というものを客観的な価値体系の中にはめ込んでいる。それで社会的にも通用する〉（本多勝一・武田文男編『植村直己の冒険』）と語っている。梅棹さんは山を登っていた学生のときに感じたむき出しの冒険に対する衝動を、大人になってから純粋に消化できなくなり、結局、学術探検という、ややむき出し度の低いフィールドに希釈させて消化したのだろう。だから自分は冒険的活動を貫徹できなかったという引け目を後輩の登山家や植村直己に感じた。たぶんそういうことだったはずだ。

しかし視点を変えれば、梅棹さんは亡くなる二年前の時点で、それだけの引け目を感じるほどの冒険心をまだ保持していたともいえる。つまり彼は登山熱、冒険熱に肩までどっぷり浸《つ》かった人間だったのであり、終生その熱が抜け切れないまま、というかその熱が赴く延長線上で探検を続けていたのだ。その意味で山――正確に言うと冒険への根源的な衝動を象徴する場としての山――は彼にとって原点などという生易しいものではなく、人生の行動を規定する支配原理になっていたと私には思える。

野性と知性の結合した土地

しかし山だけでは梅棹忠夫は生まれない。山なら長野や富山にもっと立派なのがたくさんある。山以外に梅棹忠夫という人物の原形質を形成する、もう一つの要素があったはずだ。

小山さんと話したときに「梅棹さんには極地探検みたいなむき出しの冒険に憧れみたいなのがあったんですかね」と質問したところ、小山さんは深く頷《うなず》き、こう言った。

「その手触りが面白いのよ。京都の知性と野性というけど、その野性みたいなものを、どうして京都人のような都会人が持ったんだろうというのが僕にも疑問だったんですよ」

確かになぜ梅棹忠夫は京都で生まれる必要があったのだろう。この疑問は、なぜ京都という土地で探検が盛んになったのかという疑問と相通じるものがある。そして冒頭に述べたとおり、京都の探検界にどこか対抗心めいたものを持っていた私にとって、この疑問は無視できない大きな謎でもあった。

探検は社会的な未知を追究する行為なだけに、冒険心に加え、時代の常識から外に飛び出すような自立心や反抗心が根底で必要となってくる。それが小山さんが言うところの知性と野性という意味だろう。私は本稿の最初のほうで、探検の本家は京都大学であると書いたが、京大には〈探検大学〉の別名があるとおり、地球の果てまで行って民族調査やゴリラの研究をしている人がごろごろしている。つまり知性と野性が結合した人たちだ。私はこれまで漠然と、そのルーツを梅棹忠夫やその師匠筋の今西錦司のパーソナリティに求めていたが、実はそうではなく京都という土地自体に秘密があるのだとしたら、これは面白い話になってくる。

京都は三方を山に囲まれ、実に自然が豊かな土地柄である。特に梅棹さんが登山の洗礼を受けた北山は、高さは標高千メートル弱に過ぎないが、面積としては広大で福井との県境まで続いている。私には以前よく一緒に山に登りにいった大学の後輩が京都にいるが、彼が言うには京都では家から車で三十分も走れば北山で岩登りの練習もできるし、渓流釣りをする場所にも事欠かないので、気楽に山に親しむには好都合な場所だという。

ここで押さえておかなければならないのは、古くからの都市と山が非常に近いという京都の特殊性である。

山登りというのは都会人の遊びだ。農山村や漁村など生活が自然と密接に結びついている土地では登山という遊びは生まれない。登山はあくまで都市生活者が生活から失われた自然を回復させるために行う贅沢《ぜいたく》な遊びであり、梅棹さんもその点は明確に指摘している。

これは世界的な傾向ですけれど、山に住んでいる人は山へ行かない。登山というのは必ず大都市で始まるんです。（中略）京都から登山の開拓者、登山家が非常にたくさん出ましたが、その理由の一つは、やはり京都が古典的に大都会であるということですね。それで、そういう大衆的市民登山団体が成立していった。何世紀に成立しているのか、わかりませんけれども、おそらく一五世紀ぐらいには、すでにできていた。

（『山をたのしむ』）

京都には北山という広大な山塊のすぐ近くに日本最古の都市がある。これほど野性と知性の結合した土地は他にない。そして梅棹さんは、古代から伝統的に織物産業が盛んな西陣の商家の家に生まれた、いわば骨の髄まで京都的な市民感覚や知性を受け継いだ都会っ子だった。

探検家としての原点は西陣にあり

梅棹さんも自分の根っこが京都的な知性の中にあることを強く意識していたらしく、自伝である『行為と妄想　わたしの履歴書』を読むと、生まれ故郷の西陣についてねっちりと、しつこいほど丁寧に書き込んでいる。その書き方は明らかに自分の探検家としての原点が、山だけではなく、遊芸師匠や職人が住み着く家の裏路地や、狭い軒先を祭りの山鉾《やまぼこ》が通っていく西陣の風景の中にもあることを意識した書き方だ。この中で梅棹さんは京都の市民の特質として町人気質というものを挙げている。京都には所司代以外に武士はいなかったから、徹底した町人倫理が伝統として根づいていたというのだ。それをより具体的に言うと、徹底した市民的平等感覚とでも呼ぶべきものだったらしい。つまり都会人としての倫理である。

小山さんも京都人の自立性や革新性は町人文化によるものだと指摘していた。

「江戸のほうは武士の文化。武士は奉公しなければならない殿様がいて、そこできっちりやる。つまりサラリーマンですよ。だけど町人っていうのは自分でなんでもやって、滅びても何しても自分で責任を持つという考え方になる」

「京都って共産党の知事が選挙で選ばれたり、そういう自立心や革新的な気風が探検の文化につながっている気がするんです」

「日本人ってどうしてもべたべたした人間関係に引っつくところがあるでしょ。梅棹さんはそれは違うんだと。京都というところは日本唯一の都会で、その中でデモクラシーとか都会性が育っているんだけど、僕みたいな四国から出てきた田舎者にはそれがうまく伝わらない。だから京都の人は冷たいとか冷蔵庫みたいだとか言われる。特に西陣の人たちはそういうところが発達していったんだろうなあという気はする。それを先鋭化させていったのが梅棹さんだったんだろうねえ」

西陣という古い都市で都会人として知性を受け継いだ梅棹さんが、すぐ隣にある北山で登山という野性と出会い、終生消えないような冒険熱に曝露して探検家としての素地ができあがった。あるいはそういうことだったのではないか。そんなことを妄想していたとき、私はふと、梅棹さんの師匠筋にあたる今西錦司のことが気になり、本田靖春《ほんだやすはる》の『評伝　今西錦司』を買い求めて読んでみた。そしてハッとさせられたのだった。私は知らなかったのだが、実は今西錦司も梅棹さんと同じように西陣で生まれ育っていたのである。今西錦司と梅棹忠夫の若い頃の歩みは、似ているというレベルを超え、ほとんどそのまま移しかえたようだった。二人とも西陣の生家で育ち、京都一中に進学後に北山で山登りを覚え、〈山城三十山〉の登頂に血道を上げた。三高進学後にいっそう山に打ち込んでいるところや、朝鮮半島の白頭山に遠征しているところまで見事に一致している。京都に探検文化を根づかせたこの二人の歩みの酷似ぶりは、単なる偶然を超えて宿命のようなものを感じさせた。二人の間に西陣と北山という共通項があることを知ったとき、私にはなぜ京都から探検家が多数輩出されたのかなんとなくのみ込めた。二人の人生に、ある土地がその土地の人間の形質をかたちづくる、一つの典型を見た気がしたのだった。

小山さんと対談したとき、私たちはせっかくなのでと一緒に北山の比叡山《ひえいざん》から京都の町を一望してみることにした。京都の町の中心部からタクシーを拾い、わずか三分ほどぐねぐねとした山道を登っただけで、車は比叡山の展望台に到着した。車を降りて眺めると、ギラギラとした初夏の暑い日差しのもとに緑に囲まれた京都の街並みが広がっていた。京都御所があり、京都大学のキャンパスがあり、無数の寺院と家屋とビルディングが広がっていた。盆地の中には太陽の暑熱が沈殿し、反対側の琵琶湖《びわこ》のある大津の涼しげな空気とはいかにも対照的だった。

この山と都市の近さが一人の大きな人間を作り出したのだ。そう思うと、それは単なる風景を超えたパースペクティブを持っているように思えてくるのだった。

初出「ｋｏｔｏｂａ」二〇一三年秋号［ＮＯ．13］二〇一三年九月六日刊行（集英社）

記事　富士登山者、管理を求める人々

富士山にはこれまで三度ばかり登頂した。

一度目は大学時代に、私が所属していたクラブの先輩が雪山訓練を行うというので、それに参加したときのことだ。その日は五月の天気のいい日で、途中でテントで一泊し、滑落したときにピッケルを使って停止するための訓練やアイゼンの歩行訓練などを学んで、陽ざしで溶けてクサったザラメ雪の斜面をグサグサと音を立てながら下山した。広大な斜面を颯爽《さっそう》と滑り降りるスキーヤーの姿がまぶしかったことを覚えている。

二度目は登山というよりも、半分取材だった。数年前から富士登山者が急増しているという話を頻繁に耳にするようになり、どんな状況になっているのか確かめてやろうと思ったのだ。当時、岩や氷壁によく一緒に登りに行っていた私の登山の相棒が、会社の同僚や知人から頼まれて何度か一緒に夏の富士山に登ったという話をよく聞かせてくれた。会社を辞めて世間の事情に疎くなっていた私は、富士山では人々が日の出を見るために長蛇の列を作っているとか、頂上付近では渋滞して動かなくなるとかいう話を彼から聞いて、何が世の中の人々をそこまで富士山に駆り立てるのか気になったのである。

三度目は二〇一三年の冬のことだ。一一月に突然、熱病のように雪山に行きたくてたまらなくなり、友人を誘って日帰りで登ってきた。冬の富士山は初めてだったが、風が強くて気温が低いので、それだけで体力が奪われた。このときは時間切れで登頂を断念した登山者も何人かいたようで、夏とはちがって非常に登り応えのある、いい山だったという印象が残っている。

予想外の登山者層

登山として心に残っているのはもちろん三度目の冬富士で、日帰りであれだけどっしりとした手応えを感じられる山はなかなかないので、時間が許せば今季も初冬の時期に登りに行きたいと思っている。だが、対象に関する興味という点では夏の混雑した富士山にはかなわない。このときに私が登頂したのは、バスの時間の関係で、最も混雑する日の出の時間ではなく午後の早い時間帯だったが、それでも頂上付近では三十分ほどのプチ渋滞が発生していたし、頂上に出ると数えきれないほどの群集が手を振ってはしゃいだり、大声で盛り上がったりしていて、そこにはどこか秋の日の運動会か、休日の郊外のショッピングモールのような、のんびりとした平和な雰囲気が感じられた。

そして、これは私の思いこみのせいからかもしれないが、富士山の頂上で見かけた登山者は、通常のほかの山ですれちがう登山者とくらべて、たしかに登山者というよりもショッピングモールにいる買い物客に近いような雰囲気があった。以前は登山者というと中高年のグループか、若いのがいたとしても、それは大学の山岳部やワンゲル部のような集団か、もしくはどこか世間となじめない空気を身にまとった、うす汚くて口数の少なそうな、ちょっと暗い感じの人と相場が決まっていた。そして、それはなにも沢や岩や冬山といった、どっぷりと山の世界に肩まで浸かったいわゆる〈山ヤ〉だけが足を踏み入れるディープな山に限った話ではなく、いわゆる夏山の一般登山道のような普通の登山者が足を踏み入れる山でもそういう感じはあったわけだ。ところが、夏の富士山はそれとは全然ちがった。富士山の頂上にいたのは学生っぽい仲の良さそうな若い友達のグループだったり、小さい子供のいる家族連れだったり、若い女の子の二人連れだったり、そういうこれまでの私の常識を覆す登山者層が半数以上を占めていたのである。

要するに、現在の富士山には世間があるのである。これまで私は山というのは特殊な世界だと思っていた。山と世間はいろいろな意味で対極的な関係にある。昔の登山者のなかには山の下の人間社会のことを〈下界〉と呼ぶ人が多く、その下界という言い方が、私にはなんだか山を特別視するようなニュアンスが感じられて嫌いだったのだが、しかし、今考えると山と世間を分けて捉える彼らの見方には、たしかに一理あったのかもしれない。

本来の登山には、世間や日常から非日常に足を踏み入れるという、単なるスポーツの範疇をこえた意味がある。山に登ることは、日常から一時的に離脱することだ。昔の登山者が反社会や無頼を気取ったような雰囲気を身にまとっていたのは、そのためである。ところが夏の富士山にはそうした日常からの離脱といった空気は一切流れていない。むしろ、そこにあるのは日常の延長そのものである。

いったいこれは何を意味しているのだろう。

登山における自由

富士山が世界文化遺産に登録されたことに伴って、二〇一四年六月、弾丸登山を自粛する呼びかけや入山料の本格的な徴収が始まったとのニュースを新聞で読んだが、こうした一連の努力は、その善し悪《あ》しはともかく、登山の本来の姿からはかけ離れた、きわめて〝非登山的〟な試みであるという点で興味深かった。

もともと山とは、人間にとっては荒々しい自然の象徴である。自然とは人間が生活する社会や文明の外側にのびる広大な領域のことであり、そこには人間の制御やコントロールがきかない恐ろしい世界がひろがっている。文明社会とは人間が決めた規則や人間自身に管理された内側の世界のことをさすので、文明にとどまりさえすれば人間は人間自身で主導権を握って暮らすことができるのだが、しかしひとたび文明社会から離れて自然のなかに足を踏み入れると、そこでは人間は生きる主導権を完全に自然に握られるので、いつなんどき死が訪れるかわからない不安定な状況下で生きのびなければならない。山というのはそうした自然の混沌を最も劇的に体験できる現場であり、その山に登る登山という行為は、人間が主導権を握って生きることのできる枠組み（＝人間界）の外側に飛びだして、未知の世界を経験するために敢えて実践される特殊な作法のことだと理解してよい。

したがって登山とは本来、社会で適用されている規則やルールとは無縁のものだった。山というものが人間の管理の外側に存在する以上、山でルールを決めるのは人間の側ではなく自然の側である。登山者は荒々しい自然にわが身を委ね、そして自然の掟にしたがってなんとか山に登るよりほかない。未知なる自然に一歩踏みだした以上、登山において重要になってくるのは、あらかじめ定められた規則やマニュアルや指南の類ではなく、現場での試行錯誤や経験にもとづいた想像力による対応といった、その時、その瞬間における個人の判断である。

また、山は人間界の外の、社会の管理の及ばない場所にあるのだから、そこを目指す登山もまた、社会の束縛の及ばない自由な行為であるはずだ。もちろん社会の管理から自主的に離脱する以上、登山者は原則的に他人の力は一切あてにできず、必ず自分の力で登って戻ってこなければならない。山に登る以上は完全に自分の責任のもとに判断を下し、その判断にもとづいて行動を組み立て、結果的にその判断が誤りだったときはダイレクトに自分の命に跳ね返ってくる。つまり、他者と切り離されているので束縛はないのだが、その分、自分の裁量で命を管理しなければならないのが、登山における自由なのだ。登山の自由とは、普段われわれが自由と聞いてイメージするような〈好き勝手ができて居心地がいい状態〉とは正反対の位置にある、きわめて苦しくてシビアなものなのである。

しかし、それがどれだけ苦しくても、自由と自力は登山を語るうえで欠かせないキーワードである。自由をまったく感じることのできない登山は、たとえ山に登っていても登山とは呼べない。私はさきほど山というのは世間と対極的な関係にあると書いたが、それは登山が社会の枠組みの外側で、自らの責任において展開される自由な行為であるという意味である。登山とは厳密にいうと〈自由＝自力＝自己責任〉の原則が適用されている行為のことであり、単に歩いて山頂に立てばいいというものではない。

ところが、弾丸登山の自粛呼びかけや入山料の徴収が本格的に行われている現在の富士山では、こうした自由や自力、自己責任といった登山の原則からは大きくかけ離れた状況が現出している。弾丸登山というのは夜を徹して富士山に登ることのようであるが、それがたとえどのような登り方であれ、人によって体力がある人もいればない人もいるのだから登る速度や登り方が変わるのは当たり前だし、それ以前にどのような登り方をしようとそれは当人の自由なわけで、そんなことを他人からとやかく言われる筋合いは本来はないはずだ。

だが、現実として今の富士山はこうした不自由な規則を運用しなければならない状況になっている。それは富士山という山がもはや人間界の外側の荒々しい自然に屹立する未知なる存在ではなく、人間社会の枠組みの内側にある単なる地形上のでっぱりに変質してしまったからである。だから夏の富士山に登っても、それは厳密な意味での登山ではなく、管理された世界の内側で行われる、山を舞台にした単なる運動行為にすぎないということになる。

冬山登山に予定調和を求める人々

こうした人々の登山に対する姿勢の変化は、実はなにも富士山一極で集中的に起きていることではなく、似たようなことが、たとえば厳冬期の南八ヶ岳の岩場や氷壁などでも起きている。

火山性の岩質で形成されている南八ヶ岳の岩壁は、夏場はもろくてクライミングの対象にならないが、冬になると凍結してコンクリート化するため多くのクライマーがやってきて賑《にぎ》わいをみせる。岩壁がアプローチしやすい場所にあり、かつ比較的短くて取り付きやすいルートが豊富にそろっていることから、八ヶ岳は冬のクライミング入門として最適で、冬壁登攀《とうはん》という苦行に近い陰鬱なジャンルに属するわりには、昔から比較的多くの登山者が訪れる山域であった。

しかし、近年はちょっと異様なほどこの傾向に拍車がかかり、人気ルートともなると危険を感じるほどの過密状態となっている。

数年前にアイスクライミングの人気ルートである南沢大滝を友人二人で登りに行ったとき、私は思わず言葉を失った。氷結した滝にはすだれ状にロープが垂れ下がり、五、六人のクライマーが同時に滝に取り付いていたのである。アイスクライミングは氷結した滝や氷壁にピッケルを打ちこんで登るので、数十センチほどの大きさの氷の塊が落下して下にいる人がケガをすることがある。したがって、一つのルートに複数のパーティーが同時に取り付くのは避けるのが基本なのだが、過密した南沢大滝では、みんなそんな悠長なことは言っていられない。せっかくの週末にその滝を登るために、遠いところからわざわざ車で来ているのだ。どうして登らないで引き下がることなどできよう。そんな状態で自分たちが登る余地などなかったので、私たちはしばらくどうしようかと悩みながらその様子をながめていたのだが、案の定、あるクライマーがピッケルを打ちこんだときに大きな落氷が転がりおちてきて、下で待っていた女性の額に命中し血を吹き出して倒れてしまった。女性は幸い無事のようだったが、危なくて仕方がないので私たちはすぐに南沢大滝を離れて、もう少し登ったところにある別の滝に転進した。

南八ヶ岳でこうした過密状況が発生している原因はいくつか考えられるが、単純に冬のクライミング人口が増加したことが、その一つにあげられる。近年はアイゼンやアイスバイル（氷壁用のピッケル）といった道具が劇的に進化したことで、登山者の全体的な登攀力が上がり、さほどの登山経験がなくても簡単なルートなら大きな抵抗を感じずに始められるようになった。また、以前は冬の登攀というと〈臭い、汚い、きつい〉という典型的な3K現場だったが、最近では衣類や道具がファッショナブルになったためか、そうしたむさ苦しいイメージは払拭され、若者の間でスマートなスポーツとして認識されつつある。

同時に、登山者の増加とシンクロするように、八ヶ岳自体がいろいろな面で整備されてきたことも過密の大きな要因となっている。整備というのはたとえば、たくさんの人が登るようになったことで、豊富な記録がネット上にアップされるようになり直近の情報が入手しやすくなったことだとか、また、地元のガイドがルートを整備したおかげで、これまでは墜落したら絶対に抜けることが確実な古いハーケンに命を託さなければならなかったのが、強固で抜けないステンレスボルトを支点に使って安全に登攀できるようになった、といったことなどがある。

こうした傾向をまとめると、要するに八ヶ岳は効率的な山になったという一言に尽きる。八ヶ岳であればグーグルでパパッと登りたいルートの記録を検索して、直近の情報を入手し、前日の夜に車で出発して、朝になったら二、三時間歩いてアプローチし、ネットで入手した情報通りの十分に結氷した滝を登って、予定通り登山を終わらせ、つつがなくその日のうちに帰宅して翌日は確実に出社できるのである。現代の八ヶ岳にあるのは、本来の山にあったはずの混沌とした先の読めない世界ではなく、整然とした、山としては死んだ姿である。名登山家の芳野満彦《よしのみつひこ》が高校生のときに登りに行って遭難して友人を失い、自分も重度の凍傷で両足の甲から先を失った、そういう八ヶ岳は今は存在しない。人間の管理する世界の外に飛びだして、登れるかどうかもわからない状態で登るといった一か八《ばち》かの要素を多分に含んだ山ではなく、事前の計画通りに滝を一本登って確実に頂上を踏める、休日をつぶしただけの成果を確実に見こめるサラリーマン的な山でしかなくなった。つまり八ヶ岳は管理、整備されているがゆえに予定調和で終えることを期待できる山なのである。

八ヶ岳を筆頭に、今、山の世界ではある特定の人気ルートに登山者が集中するという事態が進行している。ちょっとグーグルで検索したら記録が出てくるような、ある程度、先が読める山ばかりにほとんどの登山者が群がって、記録のない、登れるかどうかわからない不確実な山は敬遠される傾向にある。昔の中高年登山者を中心にした日本百名山ブームのような一極集中型の想像力に欠けた傾向が、富士山や百名山とはきわめて対照的であったはずの、自由で自己責任のもとで登ることを了解していたはずの冬山登山者の間にも少しずつ浸透してきているのである。

そう、現代の多くの登山者が望んでいるのは外の波瀾万丈《はらんばんじょう》な世界に飛びだすことではなく、予定調和で万事滞りなく登れることなのだ。

富士登山者はハーメルンの笛吹きに導かれ？

以前、石川直樹君がどこかで、日本の最高峰である富士山には最高峰であるがゆえに日本人が山というものに対してさしむける姿勢や集合意識が反映される、というようなことを書いているのを読んで、なるほどと感心したことがある。

たしかに夏の富士山に人々がどっと押し寄せる風景を見ると、それが八ヶ岳の南沢大滝に群がるクライマーの心性とどこかで地続きであるのは間違いないように思われる。富士山には、全般的な登山に対する日本人の姿勢のようなものが表れるのだろう。そして、もう一歩考察を進めると、富士山へと向かう登山者は、登山を日常的な趣味とした人たちではなく、夏のそのときだけ富士山に登る一過性の登山者がほとんどなのだから、彼らがひしめき合う夏の富士山の風景には、登山などという狭い世界の話にとどまらない、もっと大きな私たち現代日本人の精神の動向のようなものが投影されているのではないか、というふうにも思えてくる。

みんなと連れだって夏の富士山に向かおうとする人々の意識はどこにあるのか。

私の見立てだと、富士山に向かおうとする都会人の心は自然に飢えている。都市での生活から自然とのつながりが失われた結果、人々の日常からは死が完全に隠蔽されてしまい、現代人は生きている感覚を喪失してしまった。その逼塞《ひっそく》した日常から逃れて少しでも生を感じるために、人々は山に登って寒さや疲労や危険を感じ、そして身体的に生きている実感を得ようとしている。それが現代の登山ブームの背景にあるのだと私は考えているのだが、しかし不思議なのは、そのさいに都会人が選択する山が、どういうわけかそろいもそろって富士山になってしまうことなのだ。

なぜ富士山を選ぶのか。おそらくそれは外れがないからだろう。富士山は日本の最高峰ゆえに、みんなが登っている。そのためにある程度ルールらしきものが出来上がり、方法論が何となく定まっていて、間違いが少なく、ほぼ確実に、ある一定程度の満足感（つまり努力に対する報酬、見返り）を効率的に得られることが期待できる山なのである。

外れや間違い、すなわち不確定要素を極端なまでに忌避する傾向は、われわれの生活がネット検索で答えを得ることに慣れきってしまったことと無関係ではないと思う。今では何か事を始めようとするとき、私たちは安易にグーグルで検索して、答えらしきものやマニュアルや、また名前もわからない誰かの書きこみによる助言を求めるようになった。ネットで検索すれば、とりあえずの指南は得られるので一安心なのだが、しかし実はそれには麻薬のような常習性があって、検索で恒常的に回答が与えられる安易な手法が日常化したことによって、現代人には自分で答えを求めたり、考えたり、彷徨ったり、試行錯誤したりといった、自分で一から組み立てていかなければいけない面倒くさい作業を忌避する習性が身についてしまったのだ。

本来の登山というものは、現場に行かなければ答えがわからない不確実で曖昧な行為である。だからこそ、登山者は人間の管理の手が届かない環境のなかで、独自の判断と選択を繰りかえし、自由を獲得することができていた。しかし、そうしたマニュアルのない自由というのは、安易に検索で答えを得ることに慣れきった現代人にとっては煩わしいだけだ。ある程度、管理された環境にいるほうが、目の前に提示された規則やマニュアルにしたがっていればいいのだから、自分で選択する必要などなくて楽なのである。

人間が自由であるためには、山でそうでなければならないように、自分が個人として確立されていなければならない。そして人間が個人であるためには、努力と克己が必要であり、それが非常に苦しい状態であることもまちがいない。個人と自由は近代に発見された非常に重要な概念であったはずだが、しかしここ十年あまりの情報技術の急激な進展は、われわれの脳内に自分で判断することを回避する新たな思考回路をつくりだし、個人と自由という概念に崩壊の危機をもたらそうとしている。

コンピューター検索で情報通りにしたがうことに慣れきった現代人は、潜在意識の奥底で面倒な自由を放棄し、何者かに管理されたいと欲求しているのではないだろうか。われわれは正解に至るマニュアルが与えられないと前に進めなくなっているのではないだろうか。自分の足で歩いて、目で見て、耳で聞き、答えを見つけ、自分の言葉でそれを語ることの価値を見失っているのではないだろうか。いや、それ以前に、そういう発想すら持てなくなっているのではないか。

富士山に人々が群がる風景は、世界遺産に登録されて一時的に盛り上がっているとか、若い人の間で健康志向が強まっているとか、そういうオメデタイ話ではなくて、私にはどこかこうした現代の迷走した時代状況と地下茎でつながっているような気がしてならない。富士登山者のように集団で同じ方向に向かおうとする人々を見るたびに、私はハーメルンの笛吹きに導かれて子供たちが山奥に連れ去られたという、あの西欧の童話を思い出す。人々が思考を停止し、画一化の流れに身を任せ、誰かの扇動に盲目的にしたがったとき、その先には必ず何か恐ろしいことが待ちかまえている。

しかし、ハーメルンの笛吹きに導かれた子供たちは、まだ、ハーメルンの笛吹きという先導者がいた分、わかりやすかった。だが、現代の富士登山者には笛吹きのような先導者はいない。人々はみずから率先して、混沌とはしているが自由であった世界から離脱し、管理された安逸な世界へと群がって、集団化という自己組織化を始めているように見える。

その行きつく先に何があるのか。私はそこに変なうす気味の悪さを感じてしまうのだが……。

初出「ｋｏｔｏｂａ」二〇一五年冬号［ＮＯ．18］二〇一四年一二月六日刊行（集英社）

対談

危険でも行かなくてはならない場所、書かなくてはならないこと
×鈴木涼美

鈴木涼美（すずき・すずみ）　一九八三年東京生まれ。蟹座。二〇〇九年、東京大学大学院学際情報学府修士課程修了。著書『「AV女優」の社会学』（青土社、一三年六月刊）は、小熊英二《おぐまえいじ》さん&北田暁大《きただあきひろ》さん強力推薦、「紀伊國屋じんぶん大賞二〇一三　読者とえらぶ人文書ベスト三〇」にもランクインし話題に。夜のおねえさんから転じて昼のおねえさんになるも、いまいちうまくいってはいない。

「俺にはできない」と「私にはできない」

角幡　今日はありがとうございます。鈴木さんが『身体《からだ》を売ったらサヨウナラ』を出された時はどなたかと対談されたんですか？

鈴木　池袋リブロでイベントをしました。ＡＶ監督の二村《にむら》ヒトシさんと社会学者の開沼《かいぬま》

博《ひろし》さんと鼎談《ていだん》のような形で。

角幡　僕もいつかそういうイベントをやってみたいんですよね。

鈴木　角幡さんは外でやるべきじゃないですか。山とかで。そこまでサバイブしないと誰も見られないという（笑）。

角幡　誰も来てくれないでしょう（笑）。

鈴木　今度、下北沢にある本屋さんの「B&B」でもイベントをするんですけど、「B&B」って昔、私が通っていた歌舞伎町《かぶきちょう》のホストクラブと同じ名前なんです。だから事情を知っている人は私のツイッターを見て、ホストクラブでトークショーをやるんだ！と思っているという。

角幡　それは新しいですね。

鈴木　私のことを知っていただいていたんですかね？

角幡　新聞の書評委員をやっていて、その時に前の本『「AV女優」の社会学』を読む機会があったんです。すごい文章を書く方だなあと思って、印象に残っていました。

鈴木　ほんとですか！

角幡　幻冬舎plusでの連載（注：『身体を売ったらサヨウナラ』の元となった連載「お乳は生きるための筋肉です」）も何回か読んでいたし、週刊誌でいろいろ書かれたこともあったじゃないですか。それで気になっていて、今回の対談のお相手として「鈴木さんはどうですか？」と。本のプロフィールには、会社を辞められたのが二〇一四年の秋と書いてありましたけれど、連載中も新聞記者をやられていたんですよね。よくこんな文章を書く人が新聞記者をやられてたなあと思います。

鈴木　その時は整理部で、レイアウトを作って見出しをつけるっていう部署にいました。紙面編集の仕事をしていたので、文章を書くっていうことを会社ではあまりしなくなっていた時期だったんです。

角幡　それなりに時間があったということですか。

鈴木　時間を見つけて書いていました。会社に泊まりの日とかは、自分のＭａｃＢｏｏｋでコソコソ書いてました。さすがに会社のパソコンを使うのは憚《はばか》られたという。

角幡　会社ではどんな記事を書いていたんですか？　夜の経済新聞みたいな？

鈴木　ぜんぜんですよ（笑）。地方自治法改正についての記事とか書いていたんで。新聞社に入らなければ書かなかったような記事を書くことが多くて、それは楽しかったですね。ちょっと違う自分を発見したみたいな。

角幡　意外ですね。すごくフラストレーションを溜《た》めて辞めたのかと思ってました。それはそれで楽しかったんですね。

鈴木　ずっと同じところにいると飽きちゃうタイプなんです。それに書いているテーマや自分の黒歴史とかもあって、この先、会社にいると面倒くさいことになるなと思って。

角幡　いやあ、激しい生き方をしてるなあって思います。

鈴木　激しくなんかないですよ。私、山で死にかけたりしてませんし。

角幡　男の悪い癖かもしれないけれど、僕なんかも誰かの経験談とか読むと、すぐ「スゴイな、俺にはできないな」って考えるんです。この間、山形県のとある寺にある即身仏についての新聞記事を読んで笑っちゃったんですけど、女の人は即身仏を見て「優しい顔ですね」って言うらしいんです。男はそこで「俺にはできない」って言う。即身仏と比べたら失礼だろうとは思うんですけど、なんとなく分かるんですよね。僕も鈴木さんの本を読んで「俺にはできない」と思いました。

鈴木　そうですかねえ。

角幡　僕の本を読んだ人のレビューにも、「俺にはできない」って結構書いてあるんですけど。ああいうの結構、腹立つんですよね。こっちが命懸けてやっているんだから、お前なんかと比較されたくないよって。

鈴木　そう思います。普通に考えると絶対に真似《まね》できないですよ。そういう人がいることはテレビを見て小さい頃から知っていたけど、あまりに違う世界すぎて「私にはできない」って思います。それと私は女だから「こういう人と付き合ったらどんな感じかな」と考えます。風邪とか生理痛でつらい時にヒマラヤから帰ってきてくれるのかなあって。

異性がいなくても完結できる幸福はあるか？

角幡　鈴木さんは結婚に憧れてるわけでも、子どもがほしいわけでもなくて、一般的な女の人の幸せをケッと思って生きてきたってことを書かれてるじゃないですか？

鈴木　まあ、そうだと思います。

角幡　でも絶対、男が絡むわけですよね。自分の生き方とか「キラキラ」している世界には、必ず前提として異性との関わりがあるじゃないですか。そういう感覚がたぶん男にはないんです。男がみんなそうかはわからないですけど、僕にはない。

鈴木　女抜きで完結できる幸福があるってことですか？

角幡　幸福という概念について、そこまで積極的なものを見出していない。女が自分の生きている本質的な証明になるわけではないって感じです。

鈴木　女の場合は男のために化粧するわけじゃないけど、男がいなかったら化粧しないだろうなみたいなことですよ。すごく両面価値的なんです。男の人のために生きているわけじゃないけど、男の人がこの世からいませんってなったら生きたくない。

角幡　うーん、なるほど。

鈴木　夜のお姉さん的なことをしていると自分に価値を付けてくれるのは男の人だから、

自分の存在を承認するのも男の人たちです。でも男だって、モテるかモテないかで人生を決めたりすることがあるじゃないですか。「モテたいからバンドやったんだよね」ってスタンスで語るミュージシャンとかいますよね。探検家になったらモテるって感覚はなかったんですか？

角幡　それはないですよ（笑）。若い頃はどうやったらモテるのかは考えました。でも若い頃のモテたいという感覚はいい女とセックスがしたいという性欲の裏返しにすぎないところがある。男にとっての性欲はすごく刹那的な、一過性の感覚で、それは必要ではあるんだけれど、それとは違うところで生きている証明がほしいっていうのがあると思うんですよね、男って。異性とのやり取りはあくまで自分の生き方の……。

鈴木　飾り？　余暇？

角幡　そういう感覚が確かにあったんですよ。

鈴木　でも得体の知れない、よくわからない場所へ探検に行くことでなにか見えるものがあるのならば、行く先がジャングルでも子宮でもそうじゃないですか。だから女に対峙するのと自然に対峙するのは同じようなもんじゃないかと思うんですが、どうなんでしょう。別なんですか？　女は女で戻ってくる場所みたいな感じ？

角幡　異性と付き合うことは、自然と対峙するようなものでしょうね。でも、僕は人間が苦手だったんですよ。新聞記者の仕事でも取材って人間関係だし、踏み込んで教えてもらうという意味では営業みたいなものじゃないですか。人と仲良くなるのが苦手だから山とかへ向かったっていうこともあります。

鈴木 人に対峙するよりは自然に対峙しようと。私もどっちかといえばそっちのほうが得意です。取材者として「これ教えてください!」って話を聞くのは苦手で、とりあえず場に行って溶け込んでっていうほうが楽だった。でもその対象は私の場合は人がいる街でいいんです。だって寂しいじゃないですか、北極とか行ったら。

角幡 確かに寂しいですねえ(笑)。

人がいない場所では何を見ているか?

角幡 本の中でいろんな方のエピソードを書かれていますけど、特別に取材しているというわけではないのに、よくこんな細かいことを覚えていますよね。会話の臨場感とか自然な空気とか、なかなかこんなふうには書けないですよ。

鈴木 角幡さんは書くのは机でですか? 探検しながらじゃないですよね。

角幡 書くのは帰ってきてからですけど、僕はすごく記憶力が悪いので探検中にかなり克明に日記を書くんです。その日の晩に寒い中、一時間くらいかけて日記を取ったりする。

鈴木 机で書いている時に、脳内で探検が蘇っているんだなあと思ったんです。私も写真的に蘇ってくる記憶があって、どんなネイルをしていたかまで思い出したりする。たとえばその日は歌舞伎町の喫茶店なんだけど、「パリジェンヌ」じゃなくて「ルノアール」で、しかも普段ならゆず茶を頼むんだけど、その日はコーヒーだったってことから、ズルズルと思い出すんです。

角幡　映像で細部まで思い出すタイプなんですね。

鈴木　せせこましい人間なんで細かいことが好きなんです。細かいところに意味とか神とかを見出すんです。その時、彼女がピンクのスカートを穿《は》いていたのか、デニムを穿いていたのかは結構大事なんじゃないのかって思うんです。そういう細部をじろじろ見てるんだと思うんですよ。角幡さんは新しい場所に出かけて行って、何を見ているんですか？

角幡　何を見ているんでしょう……。

鈴木　そこには人がいませんよね。旅行で違う街に行っても結局は人を見ている感じがして。たとえば古城を見にいっても、どこを見ればいいのかよくわからなくて、人を見ているんですよ。人が作ったものなんだと思ったり、ここで生活してたんだと想像しながら見るわけですよ。人の形がないところに行った場合は何を見るんでしょうか？

角幡　いや、別に何も見てないですよ。風景自体は基本的にはそんなに変わらないわけです。風景よりも人の世界からこんなに離れたところに来てしまったという状況が僕を興奮させるんです。こんな遠いところに来てしまった！　他の惑星に来てしまったようだ！　と。特に極地なんかは、時間帯によっては空の色がＳＦ映画みたいになったりするんです。そういうのを見ながら感慨に浸るというか。

鈴木　その感覚がないと生きていく上で困るってことですよね。そのためには、「ちょっと俺、行ってくるから」みたいな感じで女に我慢させたり、同窓会とか呑《の》み会を欠席したりする。その場に行くのはわかりやすく危険でもありますよね。そういろんなことを考えても、生きていく上で外せない感覚がそこにはあるんですよね。そう聞くとなんだか親近感が涌《わ》くなと思いました。

角幡　本当ですか？

鈴木　私も犠牲を払い、血を流しながらホストクラブとかに通ってたんです。そこに行かないと味わえない興奮があったから。清廉さを捨てて、お見合いでは結婚できなくなるとかいうのも捨てて。危険を冒してでも行く価値があると思っているというのは、親近感が涌きますね。

一度も言語化されていないものを書く難しさ

鈴木　角幡さんの文才は、たまたまあったということですか？　新聞社で訓練して書けるようになったってことではないですよね？

角幡　新聞社の影響はよくわからないですね。間違ってない日本語を書けるようになったというのはあります。小さい頃すごく読書家だったわけではないし、小説を書いて机の中に隠しているようなタイプの子どもでもなかった。ただ自己表現みたいなものは昔から好きでした。

鈴木　どんな表現だったんですか？

角幡　僕が大学の頃ってインターネットが出てきたばっかりだったんですが、当時はブログがなかったから、自分でホームページを作って、登山とか探検の記録を書いていました。今も探検とか冒険をやっているベースには、それを書きたいという欲求があるんです。たとえば、真冬の真っ暗闇の極地に行ったら、こういうことができて、こういうことが書けるんじゃないかと、何を表現できるかが探検を決定する際の大きな基準になる。探検や冒険行為そのものを自分の世界を構築するための表現手段にしているわけです。

鈴木　私はダンスとか音楽をやっているアーティストに憧れがあって、でも自分にはそういう才能はなかったんです。文章って誰でも最初に覚える表現手段じゃないですか。だからそれで行くしかなくて。文章を書くのがすごく好きっていうよりは、それができるからって感じだった。でも考えてみたら大学時代からゼミで雑誌を作ったり、ホームページを作ったりして書き散らかしてはいたので、たぶん苦にはならないんです。

角幡　なるほど。

鈴木　楽しそうな雰囲気があるとそれを文章に落としたくなる。毎回違う言葉を見つけたくなるというか。でも自然の中に入って、目の前にあるものを書くのってすごく難しいですよね。一度も言語化されていないものを書くってことですものね。

角幡　特に風景を書くのは難しいです。

鈴木　人がいると表現しやすいじゃないですか。そこには会話もあるし。角幡さんの場合は、よくわからないけどそこにある現実、言語化されるためにあるのではない現実を前にしているわけです。写真だったらわかるけど、文章にするのは大変だと思います。

角幡　そうですよね、無理があるんですよ（笑）。自然の中へ入って書くのって、本来は物語なんてないところに物語を作らなくてはいけないですし。

鈴木　本を読むのがお好きなのは、言語化しにくいものにいつも対峙しているから文字を欲するということですかね。私は自分がキャバ嬢しかやってない時期が続くと、すごい本を読み出しました。知的な物、文字に飢える。流氷ばっかり見てたら、文字がほしいと思うんじゃないかと。

角幡　確かに帰ってきたばっかりの時は、本ばっかり読んでますね。そういうのはあるかもしれない。

自然は承認欲求を満たしてくれない

角幡　鈴木さんの本を読んでいて僕も共通するものがあるとは思うんです。日常的なものが満たされている世代だし、家庭環境としても物とかお金に苦労してきたわけでもない。そしてその満たされているけど、ふわふわしている日常から逃れたいという欲求がある。でも、やっぱり読んでいて女性ならではの究極の部分の感覚はわからないなあと思います。

鈴木　そうですか。

角幡　鈴木さんに限らず女性と話してると、まだ子どもを産んでいない人も含めて、自分が子どもを産む性であると意識していることが端々に感じられるんです。生き方の本質的な部分に異性がおおいかぶさってきているというか。その感覚みたいなものが昔から男と女の考え方のベースの差としてありますよね。それに興味があったし、わかりたいと思って鈴木さんの本を読むんですけど、やっぱり実感としてはわかんないんですよ。

鈴木　私のように子どもを産んでない女は、産んでないってことが一つのアイデンティティにならざるをえないんです。産む性だけど産んでないって感覚は男の人にはないですよね。

角幡　それはわからないです。

鈴木　男の人はなにはともあれ、仕事して食っていかなきゃいけないっていうのがあると思うんですけど、女だとどういう感覚で生きるかっていう選択肢が多い気がします。あの人に貢いでもらうでも生きられるし、今の時代ならずっと働いていくでも生きられる。そういう選択肢がいっぱいある分、選ぶのが大変じゃないですか。どれを選んでも正解ではないし、批判されたり後悔したりもする。男のほうがある程度はまっすぐだなと思います。女のほうが自分の選択してきたことに対する不安を感じる夜があって、その時に、男が語ってくれる私の価値みたいなものが重要になってくる。あとは街が認めてくれる価値とか。自然ってぜんぜん私を評価してくれないじゃないですか。

角幡　なにも語ってくれない。

鈴木　だから自然の中に行って放っておかれるのが楽しいというのは私にはやっぱり理解できなくて。私はやっぱり自分を認めてくれたり、守ってくれるかもしれない可能性があるところに飛び込んでいきたい。厳しい自然には危険だけがあって、承認欲求を満たしてくれるものはなにもない。木霊《こだま》くらいじゃないですか？　そんなところに行くっていうのが面白いなと。

角幡　そういう場所の面白みって、全部自分で判断しなければ生というものを組み立てられないってところなんです。ここで進むか退《ひ》くかみたいなことから、すべて行動の判断を誰に頼るわけではなく自分で組み立てる。そしてそれがそのままストレートに自分の生命に繋がっているというのがすごい面白いんです。

鈴木　自分が二秒後に生きている生を、完全に自分で選び取ったみたいな感じですか？

角幡　それってすごい自由な感じがするんですよ。全部自分が選んで自分で責任を取る。自分が独立して完結できている。

鈴木　確かに街の中にいると基本的には死なないですからね。

角幡　それと街の中っていろんな意味で管理されているじゃないですか。その管理から逃れたところに存在できる自由っていうのもある。

鈴木　それは想像はできますけど……つら〜い！　街の中に入るって、受け止めてくれる感があるから。自然って、ファンタジーの中では受け止めてくれることもあるけど、基本的にはなんか冷たいじゃないですか。そこに果敢に行くのはなんかつらそう。でも付き合うには探検家っていい感じだと思います。男の人は外に出てやんちゃして、帰ってきたら「やっぱお前がいいんだよね」って言ってくれる感じがいいから。あと街が好きっていう人よりは浮気しなそうじゃないですか。

角幡　まあ、僕、街も好きなんですけど（笑）。

鈴木　日本で待っている人がいるのといないのとでは、あるいは結婚しているかしていないかでは、出かける身としては意識が違うんですか？

角幡　それは違いますよ。

鈴木　死ぬわけにはいかないとか、罪悪感が強いとか？

角幡　死ぬわけにはいかないというか、死ぬのが怖くなりました。特に子どもができてからそう思うようになりました。今まで死ぬってことにリアリティーがなかったんですよ。死ぬ瞬間ってこうなのかなって思ったとしても、死んだらどうなるっていうのはまったく自分の想像の範囲外だった。特に一人で暮らしているときは自分の将来にあまり関心がなかったんです。次はここを探検したいとか、二、三年後のスパンで予定は立てるんだけど、人生をトータルに考える視点がなかった。でも子どもができた時に、やっぱり、この子は将来どういう人間になるのか見てみたいわけです。子どもの人生に自分も参画してみたくなる。そういう感覚はやっぱりあるんです。死んだら子どもと遊べなくなるんだ！　っていうレベルで、死にたくないと思うようになったかなあ。

鈴木　待たせて悪いな、とかはありますか。

角幡　悪いな、はないですね。自分が迷惑かけている感覚はない。

鈴木　ないんですね。普通の家だと毎日帰ってくるお父さんがいるわけじゃないですか。たとえば一年間いないからその分お金を遣うよとか、一緒にいる時はずっとセックスするよとか、そういう感覚は？

角幡　いやあ、ないですね。

鈴木　ないんですか！　それすごくショックだわ～。私はホストと付き合ってると、普通なら我慢しなくていいところを我慢することもあるわけです。彼が女の子と手を繋いでいるところを見かけても、ああ仕事してるなと思って見逃さなきゃならない。私としてはつらいことを我慢してるんだから、男の人はその分、この子を幸せにしなきゃいけないと考えてくれてると思ってました。でも角幡さんの話を聞くと……男って違うんですね。あんまり我慢するのやめようと思います。

できるだけ身軽でいたいという願望

角幡　角幡さんはどうして結婚したんですか？

角幡　結婚は……濁流に巻き込まれる感じだったんです。

鈴木　濁流に巻き込まれるのは嫌いじゃないですよね、いろんな意味で。

角幡　昔はまさか自分が結婚するとは思っていませんでした。結婚ってある意味で束縛だし、それに耐えられる覚悟なんてなかったですし。この子がいい、あの子がかわいいとかそういうレベルで判断していたら、結婚できなかったでしょうね。もっと深いところで、この人と一緒に居ざるをえないというところにまで追い込まれないと決断できなかったんじゃないかな。でも家具を買いに行く時が一番恐ろしかったんです。大きな家具とか冷蔵庫を買ったら、自分の人生が動かせなくなっちゃうような気がして。だからそこで少しでも安くて小さいものにしようと、今考えると妙な抵抗をしていました。

鈴木　私もマンションを買う話には抵抗があって、足場を作りたくない症候群なんです。できるだけ身軽でいたい。

角幡　ふらっと外国に住むよっていう自由度は確保しておきたい気持ちが、今もあるんです。でもやっぱりマンションを買うとかいう話になるんですよ。僕は今年の三月から一年間、北極圏に行くんですけど、その間に買っておくからと言われていて。そんなの困りますよ。今でも全てのモノを捨てて、家族でヨットで放浪したいみたいな気持ちを持っているし。それが持てる環境は確保しておきたい。

鈴木　でも抵抗できない流れとか好きですよね。そのどうしようもないものが楽しいいんじゃないですか。私にとっては恋愛がそうだなと思います。立ち向かってもしょうがないというか。ああ、でも今日ショックだったのは男の人には女に我慢させているっていう罪悪感がないんだってことです。俺を好きになっちゃったんだからしょうがないだろ。一年間海外に行かないとお前が好きになった俺じゃないんだから、ってことですよね。

角幡　そうですね（笑）。僕はよく昔から優しくないって言われるんですよ。でも男の優しさは偽善だと思うんです。

鈴木　荷物持ってあげるよ、みたいな優しさ以上のものが提供できていると思うわけですよね？

角幡　僕がですか？　それはどうですかねえ（笑）。

鈴木　女の人って結局そういう人を好きになっちゃうから、恋愛体質の人って幸せにはなれないんです。荷物持ってあげるよって人よりも、荷物持ってやらないけど生きる喜びを与えてくれる人に惹かれちゃうわけです。でも本当は荷物も持ってほしいんですけどね……。

初出　幻冬舎ｐｌｕｓ　二〇一五年二月一一日・一四日公開　構成＝日野淳
http://www.gentosha.jp/category/kakuhata-suzuki1502

解説　なあなあとの問いかけ

『神去なあなあ日常』三浦しをん（徳間文庫）によせて

以前、五年間ほど新聞記者をしていたことがある。今は人員削減のあおりをうけてそうでもないようだが、当時は記者として新聞社に入社するとまず地方支局に配属された。私の初任地は富山で、次は埼玉の熊谷《くまがや》だった。そこで何を取材するのかは各記者の問題意識や関心次第となるが、私の場合は学生時代から登山が趣味で、日本中の山や谷を這《は》い回ってきた経験があったため、どうしても興味の対象が川や山村や農村といった自然環境に根差した空間に向かうことが多かった。

山村や農村を回って気がついたことは、驚くほど当たり前のことだった。日本の山村にはもはや爺《じい》さんと婆《ばあ》さんしかいないのだ。村で若い人の姿を見かけることは、まずない。若い人どころか人間の姿を目にする機会さえほとんどないのである。人の姿を見かけないのは、お爺さんは山へ柴刈《しばか》りに、お婆さんは川へ洗濯に行って忙しいから……といったオメデタイことではもちろんなく、彼らはもう腰や膝の関節が痛くてあまり外を出歩かないからである。

思い起こすと富山で出会った婆さんも、秩父《ちちぶ》で話を聞いた爺さんも、私が耳を傾けた人はことごとく同じことを言っていた。こっちは別にそんなことを聞きに来たわけではないのに、彼らはことあるごとに、若いもんがいなくなったから……と寂しそうに口にした。別に恨みがましい口調ではなかった。そのことはもうだいぶ前から受け入れ、心情的な整理もついており、口にしたところで詮無いことは分かっているのだけど、それでも外から人が来るとついつい……といった顔で言うのである。だからこそ、その言葉はグサッと私の胸に突き刺さってくるものがあった。

恐らく日本中のどこの山村で話を聞いても、たぶん皆、同じことを訴えるはずだ。容易に想像がつくことであるが、現在、山村に住んでいるお爺さんやお婆さんは、五年経ったら一人減り、十年経ったら一人減りして、今後十年か二十年のうちにその多くが亡くなるだろう。その時、日本の山村がどのような運命をたどっているのか。そのことを考える時、私にはどうしても消滅という事態が危惧されてしまう。日本人の文化や習俗や精神性の多くは、山や森林と調和することで育まれてきたはずなのに、その私たちの心のふるさとともいえる山村共同体は今、その最後の灯を消そうとしているのだ。

『神去《かむさり》なあなあ日常』は林業小説ということになっているようだが、私にはこれは単なる林業小説とは思えなかった。単なる、というとちょっと語弊があるかもしれないが、この小説はもっと大きなものを描いているように思えたということである。では何を描いているかというと、それは林業を生業《なりわい》とする山村を舞台に展開された日本人の精神のありようともいえるものだ。森や里山との交流によって形成された日本人のコスモロジーと言い換えることもできるだろう。

象徴的なのは清一《せいいち》の息子の山太《さんた》が神隠しに遭う場面だ。清一や三郎じいさん、勇気《ゆうき》とヨキが作業中に電話がかかってきた。庭で遊んでいたはずの山太の姿が見えないという。心配した村の人たちは総出で山狩りに出るが、山太の姿は一向に見つからない。そこで繁《しげ》ばあちゃんが、はたと気づき、御託宣をのたまうようにして言う。「山太は……、神隠しに遭《お》うたと見える」

横浜出身の現代っ子である主人公の勇気は繁ばあちゃんの一言に、「はい!? 神隠しとはまた、非科学的な説が出た」とふき出しそうになるが、周りの人たちは真剣そのものので、神隠し説に深くうなずき、霊能者然とした繁ばあちゃんの助言に従い、身を清めて神去山に迎えに上がる。

この村人たちの態度の中には、日本人の誰しもが根っこで共有していた自然に対する畏怖のようなものがうかがえる。自然の定義は難しいが、〈人間の力ではどうしようもないこと〉ということが可能だと私は考えている。大雨で川は増水して集落が流されたり、日照りで飢饉を迎えたり、地震で津波が押し寄せたりするのが自然というものだ。山村ではそういう自然のどうしようもなさの中で生活自体が営まれているため、常識や思考の展開もそのどうしようもないことが前提となって組み立てられている。つまり神隠しは、科学的とか非科学的とかいうレベルの話ではなく、〈神＝自然〉は時に子供をお隠しになるなどという、どうしようもない事態を引き起こすものなのだという了解を、村人全体が共有していることで初めて発生する現象なのだ。そして、そうした神隠しに遭うことを受け入れる精神性こそが、何千年もの悠久の歴史の中で築かれてきた日本人のコスモロジーだった。しかし二一世紀の都市生活者である勇気は、そうした本来日本人が持っていた世界観を失っている。だから神隠しと聞いた途端、それを非科学的だとする少しズレた反応を見せ、まったくいつの時代だよというような、村人たちをどこかで見下した態度をとってしまう。

この勇気の態度は、しかし、私たち今の日本人のしごく一般的な態度に他ならない。三浦《みうら》しをんの手腕が鮮やかなのは、同じ紀州の土俗を舞台にした中上健次の粘質な文体とは対照的といっていい、その軽やかな文章と、勇気という今風の主人公をうまく操ることにより、山と森と人との円環的な関係を、世田谷《せたがや》あたりに住むダニやらヒルやらを見たこともない女子大生でも分かるように描き出したところにある。

この小説には神隠し以外にも、私たち現代の都市生活者には驚きの目をもって見るしかない旧来の日本人が持っていた世界認識が、至るところでとてもさりげなく顔をのぞかせている。山で生きて山で死ぬのは当たり前という巌《いわお》さんの言葉や、村田のじいさんの死に際に対して見せた繁ばあちゃんのどこか恬淡とした態度。随所にみられるヨキの果てしなきセックスへの欲望も、じつは自然の本質を物語るための重要な要素になっている。なぜならセックスこそ人間関係の中でみられる一番どうしようもない、赤裸々な自然であるからだ。こうした自然に翻弄され、かつその自然を受け入れる土壌が、かつては生き生きとした人間を育ててきたのだ。いい方を変えれば、私たちが神去村の世界を新鮮に感じ物語にぐいぐい引き込まれるのは、こうした豊かな土壌を失ったからだともいえる。

もとより丹念な取材をもとに物語世界を構築することに定評のある三浦しをんである。おそらく勇気の見た世界は、三浦さん本人が取材の過程で分け入った世界でもあったはずだ。作者本人の感動が勇気の感動となり、読者の感動につながる。三浦しをんの小説に多くの読者が共感するのは、筆者が感動して物を書き、それを読んだ者がまた感動するという、筆者と読者の健康な関係がきわめて正常なかたちで成立しているからだろう。

もしこの小説で三浦さんが言いたいことがあったとすれば、それは神去村の世界に立ち返れという訴えではなかったはずだ。少し立ち止まり、振り返ってもいいのではないかという、もう少し物腰の柔らかな問いかけのようなものだったように思われる。私たちが置き去りにしようとしているものは何なのか。それは古いものだという偏狭な精神で切り捨ててもいいものなのだろうか。「なあなあ」と、ちょっと立ち止まって考えてみてほしいと言っているのだ。

そう考えると、もしかしたらヨキが初めのほうで勇気につぶやいた、ボソっとした控えめな一言に、三浦さんの思いは表れていたのかもしれない。

ヨキはこう言っていた。

横浜ほどじゃないかもしれんが、神去もええところや、と。

初出　『神去なあなあ日常』三浦しをん　二〇一二年九月一五日第一刷発行（徳間文庫）

対談　神去村の世界を語る
×三浦しをん

三浦しをん（みうら・しをん）　一九七六年東京生まれ。二〇〇〇年『格闘する者に○』（草思社）でデビュー。〇六年『まほろ駅前多田便利軒』（文藝春秋）で直木賞受賞。一二年『舟を編む』（光文社）で本屋大賞受賞。著書にこの対談のきっかけとなった林業小説『神去なあなあ日常』、続編『神去なあなあ夜話』（ともに徳間書店）、『光』、『政と源』（ともに集英社）、『あの家に暮らす四人の女』（中央公論新社）ほか。

身体を通して、世界を感じる

三浦　『神去なあなあ日常』の文庫版にすてきな解説を書いていただき、ありがとうございました。ほんとうに、もったいないようなお言葉をいただいてしまって。

角幡　いえいえ。これまで本の解説なんて、書いたことがなかったので、はじめ編集の方からお話をいただいたとき、「何を書けばいいんだ？」と悩みましたね。本のなかで山のダニのことを書かれているから、僕もそういう話を書けばいいのかなと考えたりして……。

三浦　ダニか……。ご著書のなかで、噛まれてましたよね。

角幡　チベットの山奥に行ったとき、すごいやられたんですよ、マダニに。帰国してから見てみたら、十ヵ所ぐらい跡が残っちゃってて。マダニって、大きさは一センチぐらいで、いちど食いつかれると思いっきり引っ張ってもまったく剝がれないし、両手で押しても潰れないぐらい体が硬いんです。結局、チベットで刺されたその跡は、二年ぐらいかさぶたになっていました。はじめ、そういうダニの話みたいなことを求められているのかなと思って、編集の方にメールしたら、「そうじゃない」と（笑）。

三浦　ダニ強調じゃなく、すみません（笑）。角幡さんは地球の極地ともいえる場所をいろいろ探検されている方なので、こんな軟派な小説の解説を書いていただくなんて、非常に申し訳ないと思っていたんです。

角幡　いやいや、ぜんぜん軟派だとは思わなかったですよ。山で暮らす人たちの精神世界や死生観みたいなものが、さりげない言葉や描写の随所に表れていて、むしろ感心させられました。そういう山人たちの考え方や暮らしというのは、取材して話を聞いたんですか？

三浦　もちろん取材もしましたが、祖父母の影響も大きいです。私の祖父が三重県の山奥の村で林業をやっていたので、関心はもともとあったんです。それに村の爺婆《じじばば》から古い言い伝えを聞くのがすごく好きで。

角幡　それは最近聞いたということですか？

三浦　いえ、子供のころ祖父母の家に遊びに行ったときに聞いたんです。

角幡　小説の舞台の「神去村」も、モデルはお祖父《じい》さんがいた村なんですか？　実は、小説を読んでいて「こんな村、本当にあるのかな？」と思い、インターネットで「神去村」って検索しちゃったんですよ（笑）。

三浦　おっしゃる通り、祖父母がいた村、美杉村《みすぎむら》（現・津市）っていうんですけど、そのあたりをモデルにしています。

角幡　じゃあ、この小説で描かれているのも、お祖父さんの時代の山村の風景がもとになっているということ？

三浦　はい。なので、小説のなかに出てくる林業の様子は、今のものよりもちょっと古くて。わかりやすいのはヨキですね。彼は斧《おの》で作業しますけど、今の林業では、もちろんほんとうはチェーンソーを使っています。そのへんは思いきってファンタジーにしています。

角幡　お祖父さんの影響があるとはいえ、林業に目をつけたのはさすがですね。『舟を編む』の辞書編集といい、今回の林業といい、三浦さんっていつもちょっと変わったテーマで小説を書きますよね。やはり、自分なりのテーマ選びのこだわりってあるんですか？

三浦　こだわりというほどではありませんが、すべて自分が好きなものではあります。大好きで、興味があって、でも自分では絶対にできないこと。現実の自分ではできないからこそ、小説を書くことで疑似体験したいんです。資料を集めて読んだり、実際にやっている人たちに話を聞きに行ったり、現場を見せてもらったり、そういうことはもちろん小説を書くためにやっているんですけど、それ以前に「好きだから、知りたい」という気持ちがあります。

角幡　先ほど「ファンタジー」とおっしゃいましたけど、たとえば鬱蒼《うっそう》とした山の描写とか、暗闇につつまれた森の空気感とか、自然と人がどう関わっていくかという考え方とか、こういうことがよく書けるなと思って。何て言ったらいいのか……物事の奥にある根っこの部分をちゃんととらえているというか。僕としては、こうした物語世界をどのように構築されているのか、読んでいてすごく気になったんです。

三浦　たくましすぎる妄想のおかげ、でしょうか（笑）。

角幡　妄想といっても、トンチンカンな妄想だったら、小説にならないと思うんです。三浦さんがすごいのは、細部の描写の事実性はもちろん、事実の向こうにある大きなテーマというか、核みたいな部分も厳密にとらえていることなんです。実際、そういう奥にあるものをつかめたと自信が持てたときに書いているんじゃないですか。

三浦　う〜ん、あまり自信はないんですけど。ただ、小説を書く前って、資料は読めるだけ読むんですが、最後は現地に行って、その場所やそこにいる人のムードを実際に自分で体感して、「ああ、何か書けるかも」と感じたものを書いています。それはきっとフィクションもノンフィクションも同じで、何かを書こうとしたとき、身体を通してしか把握できないことが絶対にあると思うんです。

角幡　たしかに。だから、現地に行って、人の話を聞いたり、雰囲気を感じたりする。

三浦　空気とか、音とか、においみたいなものを自分の身体で感じることって、すごく大事ですよね。それは林業のようなテーマにかぎらず、たとえば日常の些細《ささい》な出来事や男女間の話を書くときでも、フィクションだからすべてを自分が経験している必要はないですが、自分の身体のなかに書きたい世界のにおいみたいなものが入ってないと書けない気がします。

書き手の「業」

三浦　ただ、この「身体で感じる」ってことは、やっかいな面もあって。日々の生活のなかで面白いことや嫌なことがあったとき、反射的に「これ、ネタになるな」と考えてしまう自分がいて、そんな自分にときどき嫌悪感を抱くんです。もちろん嫌なことにはできるだけ遭いたくないし、自ら遭いに行こうとは思いませんが、遭ったら遭ったでそれをよしとしてしまう。たとえば、すごく悲しい思いをしているさなかに、「この感情ははじめて味わう種類の悲しみだから、覚えておこう」と客観的に考えている自分がいる。そういう発想って結局、自分や他人の不幸すらも「おいしい」と思うことにつながっていく危険性があるじゃないですか。この感覚とどう向き合い、まっとうに生活することと書くこととの折り合いをつければいいのか、悩むことがたまにあります。

とはいえ、私みたいな小説家はまだいいほうで、角幡さんのように自ら冒険をしてノンフィクション作品を書かれる人はもっと大変じゃないかと思うのですが。

角幡　その感覚はわかりますね。探検の最中に危険な状況に陥っても、書き手としての自分は面白いことが書けそうだとどこかで楽しんでいるところがある。

三浦　『探検家、36歳の憂鬱』のなかでも、書くことを前提として冒険をしていると、徐々に過剰になってしまうおそれがあり、踏み越えてはいけないラインを見極めるのがいろいろな意味で難しくなる、と書かれていますよね。究極的には「遭難でもしなければ冒険は面白い物語になりにくい」と。自分の身体で体験し、感じたことを表現したいという欲求が前提にあるがゆえに、心の中におかしなねじれが生じている。

角幡　そう考えると、書くという行為は、ある種の「業」を抱えているというか、ろくでもないことなんだろうなという気がします（笑）。

三浦　ほんと、そうですね（笑）。

憧れはスナフキン

三浦　最新作の『アグルーカの行方』も拝読しました。とにかく過酷な旅だったようで、こんな挑戦をする人がいるんだ、とびっくりしました。角幡さんのように自力でそりを引いて北極圏を歩くという行為は、冒険の世界では一般的なんですか？

角幡　それを毎年している人って、世界で十人ぐらいしかいないんじゃないですかね（笑）。面白かったのは、レゾリュート（カナダ）という村に行ったとき。その村は北極圏や北極点を目指す人たちのベースとなる村で、世界中の北極冒険家が集まっているんです。僕が北極圏に行ったのは去年がはじめてだったんですが、パートナーだった荻田（泰永）君は「北極バカ」と言っていいぐらい北極ばかりに通っている奴で。当然、レゾリュートにいるほかの北極冒険家ともすでに何度も会っていて、「おー今年もまた来たか」とか話しているんです。究極的に世間の狭い業界なんですね。

三浦　「趣味でなんとなく歩いています」みたいな人は北極にはいないですから、みんな友達になってしまうんでしょうね（笑）。寒さはどれぐらいなんですか？

角幡　氷点下三十度から四十度まで下がります。ただ、はじめのころはかなり寒いんですけど、徐々に慣れますよ。

三浦　慣れられるものなんですか!?

角幡　ええ。マイナス三十度ぐらいのところにずっといると、マイナス二十度は暖かく感じるんです。そりを引いて歩いていると、汗もダラダラ流れてくるし。さらにマイナス十五度ぐらいまで上がれば、夏山登山用のペラペラの薄いズボン一枚で普通に行動していました。

三浦　夏山じゃないだろう！（笑）　私、角幡さんのようにあまり人が行かないところへ冒険に行ったり、季節に応じて気軽に居場所を変えたりする生活に、昔からものすごく憧れがあるんです。私自身が定住していないと不安でたまらない派なので、自分には絶対にできない、ないものねだりなんですけど。小さいころの憧れの職業もスナフキンだったんですよ。

角幡　スナフキンって、あのムーミンの？

三浦　そうです。スナフキンは冬になるとムーミン谷から去っていく。そして春になって、ムーミンたちが冬眠から覚めると、また帰ってくる。冬が訪れる前、スナフキンが旅に出るたびに、ムーミンは泣きながら「スナフキン、また帰ってきてね」と言うんです。二人はとても仲良しですから。そのシーンを見るたびにキューンとしちゃうんですよ。

角幡　なろうと思えば今からでもスナフキンになれるんじゃないですか?

三浦　いや、絶対に無理です。とにかく不安でたまらないんです、定住していないと。

人はなぜ冒険をするのか?

三浦　角幡さんは、人跡未踏の地や、周囲千キロぐらいに人がまったくいないような僻地に行かれていますが、ご著書を拝読していると、必ず「人」の話が出てきますよね。そこもすごく好きです。「北極をこういうふうに歩きました」という話だけではなく、過去の人たちとつながっていたり、近く……といっても数百キロ以上離れているんですが、近隣の土地で暮らしている人たちとかかわったりして、そして冒険の終わりには必ず誰かが住んでいるところに帰ってくる。当たり前ですけど、やはり冒険の基本には人との交流もあるんだろうなということが伝わってきます。

角幡　人と交わることで、物語は生まれますからね。

三浦　ぜんぜんレベルが違う話ではあるんですが、私もときどき旅行エッセイみたいな文章を書いてほしいと依頼を受けることがあるんです。でも、訪れた町や自然について漠然と「こんなところでした」と書くのはすごく苦手で。偶然入った土産物屋のヘンなオジサンとか、そういう人との出会いがあってこそ、はじめて書くことができるんですよ。

角幡　僕の場合も、現場での生活や行動自体は毎日単調なので、できれば人をからめたほうが書きやすいんです。とはいえ、実際極地や僻地には人がまったくいない。そこがつらいところです（笑）。だから、書くことを考えたら、もうちょっと人がいるところに行ったほうがいいんですけどね。

三浦　ただ、『アグルーカの行方』では、北極を旅している今現在の自分自身のまわりには誰もいないけど、フランクリン隊と同じ道をたどることで、時間軸をさかのぼって彼らと出会っていますよね。私はこの本を読んで、地球の遥《はる》か果てにある、自分では絶対に行けない土地の様子を知ることができて面白かったのと同時に、今の時代でも大変な思いをして命がけで行くような場所に、百六十年以上も前に行っている人たちがいたんだという驚きがありました。

角幡さんやフランクリン隊の人たちのように「人間が行ったことのないところへ行ってみよう」という思いにかられて生きている人たちというのは、人類が誕生してからの長い歴史を通じてゼロになったことはなく、きっと常にいるんだろうなって。その動機は人それぞれでしょうし、言葉で説明できるものではないんでしょうけど、私としては「この人たちは、なんで死ぬかもしれないのに行っちゃうんだろう？」と、ほんと人間って不思議な生き物だなと思ったんです。

角幡　三浦さんがおっしゃられたことは、僕の執筆テーマのひとつでもあるんです。「なんで人は登山や冒険をするのか」という問いが常に自分のなかにはあります。

現時点で考えていることをお話しすると、登山や冒険に向かう動機のひとつとして、自然と生活が切り離されていることが強く影響しているんじゃないかという気がしています。山を登るときには頂上が一応ゴールになり、北極点を目指すとしたら北極点がゴールになります。だけど、登山や冒険ってそうしたゴールに最終的な意味があるのではなく、その過程で展開される自然とのやりとりを実感できたとき、さらに言えば、人間の力ではどうしようもない自然そのものの姿に直面し、そこに入り込んでいく感覚を味わえたときにこそ、充実感を抱くことができると思うんです。

でも、そうやって人が自然を求めるのは、そもそもは今の生活が自然と切り離されてしまっているからであって。なので、逆に今の時代に自然とともにある暮らしをしている人は、わざわざ山に登ったり、極地に行ったりしなくてもいいわけです。実際、僕の友達で、大学生のころからずっと一緒に山を登っていた奴がいるんですけど、六、七年前に突然「農業をやる」と言って、山をやめてしまいました。当時の僕は「なんでこいつは山をやめてまで、農業なんてやるんだろう?」とまったく理解できなかったんですけど、今思えば彼のほうがわかっていたのかなと。農業って自然と直接対話をしながら生きていくことですからね。

神隠しとサードマン

角幡　そうした観点から見ても、三浦さんの『神去なあなあ日常』は興味深いんです。林業という仕事もそうですし、神去村の日常そのものが自然と深くかかわり合いながら存在しているわけですし。

続編の『神去なあなあ夜話』も連載されていましたよね。どうして、続編を書こうと？

三浦　やっぱり、神去村ってどうして「神去村」という名前なのかとか、いつから神去村になったのかとか、そういうことをちゃんと書いておきたいと思ったからです。『～日常』は林業の仕事のほうに寄りすぎてしまったと感じていたので。それはもちろん、林業の取材をして面白かったから、ついつい「こんな話も、あんな話も」と山仕事のことを書いてしまったんですけど、あらためて読み返すとバランスが悪かったかなと。神去村では、林業だけではなく、いろいろな人が暮らし、山にかかわること以外にもさまざまな出来事が起こっているはずです。だから、続編の『～夜話』では、『～日常』であまり書けなかった部分、神去村やそこで暮らしている人々にもっとフォーカスを当てたいと思いました。ただ、『~夜話』では村や人々にフォーカスしすぎて、今度は山仕事があまり出てこなくなってしまった(笑)。あんばいが難しいですね。

現実の林業についてならば、実際に林業に携わっている方が書いたノンフィクションがあるし、山の暮らしについても優れた作品がいくらでもあります。私が書きたかったのは山での仕事や暮らしそのものではなく、そうしたことの奥にある何かを、山で生きている人たちを通じて表現できればいいなと考えていたんです。だから、解説で角幡さんにああいうふうに書いていただき、褒められすぎで恐縮はするものの、嬉しかったです。

角幡　僕は『~日常』を読んで、哲学者の内山節《うちやまたかし》さんが書いていることに似ているなと思ったんです。読んだことあります?

三浦　すみません、ないです。

角幡　たとえば『日本人はなぜキツネにだまされなくなったのか』という本のなかで、日本では一九六五年以降は、キツネにだまされたという話が聞かれなくなったが、その理由として高度経済成長を経て社会構造や都市構造が変化し、それに伴って人々の意識も変化していったからだと書いています。『~日常』のなかで山太が神隠しに遭うシーンを読んだとき、内山さんの本と通底するようなことが書かれていて、「あっ、内山さんの本を読んだのかな」と思ったんですけど、違ったんですね。

三浦　あの神隠しのエピソードの元ネタは、祖母から聞いた話なんですよ。近所の子供が突然いなくなって、村人たちが必死に探すんだけど見つからず、でも二週間後に木の下で泣いているのを発見されたという。

角幡　二週間もどこでどうやって生きていたんでしょうね。

三浦　そう思いますよね。しかも、私がすごいと感じたのは、そんな出来事があったと祖母が普通に教えてくれたことです。調べてみると、祖母の神隠しの話の構造は、『遠《とお》野《の》物語』に出てくる神隠しの話とまったく同じなんです。でも、祖母は生涯読書数がゼロといってもいい人なので、『遠野物語』の内容を知っているはずがない。語り口もたっていつも通りで、自分が見聞きしたことをそのまま話している様子でした。祖母に合わせて、私も「へぇ、そんなことがあったんだ」と平然と聞いていましたが、内心では「いったいどういうことなの？」と動揺しまくっていました。

角幡さんは山に登ったりしていて、常識では理解しがたい不思議な体験をしたことはありますか？

角幡　残念ながら、ないですね。ただ、登山や冒険の本でよく出てくるもので、「サードマン現象」というのがあります。遭難するかどうかの瀬戸際などで、意識が朦朧とするなか、姿の見えない第三者が現れるという……。

三浦　その話、むちゃくちゃ怖いんですけど（笑）。要するに心霊現象ですよね。

角幡　霊かどうかはわからないですけど、そのサードマンは遭難しそうな極地探検家や登山家を励ましてくれるらしいですよ。「そこで休むな」「もっと歩け」「今、立ち止まったらダメだ」と言って。

三浦　的確なアドバイスをしてくれるんですね。

角幡　そうです。僕の知り合いでヒマラヤの山に登った人がいるんですが、その人もサードマンに会えたみたいで。

三浦　それって、単独行のときに起こるものなんですか？　何人かのチームで極限状態に陥ったときには、全員が共通して同じ存在を感じるのか、それともサードマンが現れる人と現れない人がいるんでしょうか？

角幡　アーネスト・シャクルトンという有名な探検家が南極で遭難しかかって、最後にサウスジョージアという島を横断して捕鯨基地に助けを求めに行くとき、三人一緒に行動をしているんですけど、そのときはたしか三人ともが同じことを感じていたという話だったはずです。サードマン現象については、『サードマン　奇跡の生還へ導く人』という本に詳しく書かれていますよ。

三浦　その本、読みます！

角幡　その本によると、サードマン現象は極地でよく現れているらしいんです。行動が単調なこと、人里から隔絶されていることが、サードマン現象の現れやすい条件みたいで。僕はチベットでは見られなかったので、北極では「今度こそ」という気持ちもあったんです。でも、ダメでした。ヒマラヤで見たという知人からは、「感受性が鈍い奴だな」とまで言われてしまい（笑）。また北極に行こうと思っているので、そのときはぜひ現れてほしいのですが。

三浦　たぶん私にも現れないだろうな。というのも、実は私、そういう神秘的な体験を信じない派なんです。

角幡　えぇ!?　そのわりにはこの話に食いついていますよね。

三浦　すごく興味があって、知りたいんです。でも、スピリチュアルとか霊とかまったく信じてなくて。単なる気のせいか、脳内物質のせいではと思っているんです。

角幡　じゃあ、お祖母《ばあ》さんから聞いた神隠しの話は、どうとらえているんですか？

三浦　ま、なんらかの事実誤認があったんじゃないかなと……。ただ、そうやって自分を納得させようとしているということは、逆に祖母の話に無視できない何かを感じとっているからだと思うんです。だからって霊界やあの世の存在を信じようとしているわけではありませんが。私が気になるのは、神隠しがあると思ったり、サードマンの存在を感じたりする人間の心ってなんなのかな、ということなんです。

私はわりと憑依系《ひょういけい》というか、電波受信系なので（笑）、常に理性的でありたいと思っているのに、妄想が膨らむのを理性で押しとどめられないときがあるんです。そういう非常に情動的な一面が自分にはあって、だからこの手の話への興味を押し殺しきれないんだと思います。

私たちに「雪男」は訪れない

三浦　神隠しやサードマンと同じように、「雪男」にもすごく興味があります。『雪男は向こうからやって来た』を拝読して、角幡さんの雪男へのスタンスがいいなと思って。「いるわけねえだろう」と突き放しつつも、「でも、ちょっと残って観測をつづけてみる」みたいな感じが。冷静だけど、冷酷ではない（笑）。

角幡　普通、雪男のような未確認生物に関する本って、その正体を突き止めようという態度で書くと思うんです。だから、僕もはじめはそうしようと考えていました。「あの動物が雪男なんじゃないか？」といろいろ検証していって、自分なりに雪男の正体を探っていこうと。一千万年近く前に棲息《せいそく》していた太古のオランウータンの仲間の生き残りじゃないのかとかね。実際、モンキーセンターなどに取材にも行って、話を聞いたりもしました。でも、途中でそのアプローチの仕方が虚しくなってしまって。それで、雪男を探す人を通じて雪男を描けたらいいな、という方向転換をしたんです。

三浦　私、このタイトルの意味がわかるところで、なんかドーッと泣いてしまったです。

角幡　この本で泣くなんて妄想力がありすぎですよ（笑）。

三浦　いやいや、感動的ですって！　ずっと雪男を追い続けてきた方とか、その結果雪崩で亡くなってしまった方とか、今も追い続けている方とか、そういう人たちの想《おも》いやエピソードにすごく惹きつけられます。

角幡　彼らはみんな、雪男は本当にいると信じていますからね。

三浦　そんな彼らに、「いや、雪男なんていませんよ」なんてことは絶対に言えない。そもそも、いない証拠もないわけですし。それに、彼らにとっては「雪男はいる」んですよ、やっぱり。

角幡　雪男探索のために入ったヒマラヤ山中で雪崩で亡くなった鈴木紀夫さんという人がいて、彼が撮った写真を口絵に載せているんですけど、写っているのはどう見てもヤギなんです。でも、彼はそれを雪男だと言う。

三浦　すごい倍率のスコープですよね、鈴木さんの目は。

角幡　ええ。でも、彼はそれを信じて、何度も雪男を探しに行くんです。僕はそこに「雪男性」というものが表れている気がしたんですよね。

三浦　私がグッと来たのも、まさにそこなんです。きっと誰のなかにも「雪男的なもの」があるような気がする。それは自分にとってはものすごく大切で、疑いようのない何かなのに、でもその何かをほかの人にどうしても理解してもらえない。その断絶の苦しみが胸に迫ってきたんです。しかし、この本の最後の部分で、その断絶を無理やりに埋めるのではなく、つまり現実の雪男を信じる信じないということではなくて、誰のなかにもある「雪男性」に立ち返ることで彼らと手を結んだ、とでも言うんでしょうか。「こいつの言っていることはおかしいし、理解できない」と完全に断絶するのではなく、信じる人とも信じない人ともつながりようがあるみたいな考え方に、希望を感じました。

角幡　正直言えば、彼らの話を聞きはじめたときには、僕はかなり懐疑的でした。「この人はなんで雪男なんて信じているんだろう」って。ただ、取材を重ねていくうちに、彼らは何かを見聞きしたり、体験したからこそ雪男を信じているということが段々わかってきて。であるならば、僕としては「じゃあその体験って何なんだ？」と思うわけです。その体験こそがまさに「雪男性」なんでしょうけど、できれば自分もそういう体験をしてみたいという思いが強くあったんですけど……。

三浦　でも、角幡さんには雪男は訪れないんですよね（笑）。

角幡　そうなんです。

三浦　サードマンも囁きかけてこないし、雪男もやってこない。私も同じです。そういう不思議な体験をする人の気持ちはなんとなくわかるし、できればその人が見ている世界を私もなんとか見たいと思うんだけど、見えたためしがないし、気配を感じたこともない。

角幡　たぶん物書きである僕らって、純粋じゃないんでしょうね。
三浦　えー、そうですかね。
角幡　見たいと思っている時点で、どっか不純なんだと思います（笑）。

初出　「読楽」二〇一二年一一月号［NO.46］二〇一二年一〇月二二日刊行（徳間書店）
構成＝谷山宏典

記事『影の地帯』と黒部の強盗

高校生から大学生にかけて松本清張《まつもとせいちょう》のミステリーにはまった時期がある。下宿先で別の部屋に住んでいた高校の友人から薦められて、『点と線』を読んだのがはじまりだった。それから続けざまに読破……したわけではなかったが、松本清張は私にとって、なんとなく電車の移動中とかミステリーが読みたいなと思ったときについ手が出てしまう代表的な作家だった。

大作家にたいして失礼かもしれないが、私は松本清張の小説に決してハズレのない安心感をもっていた。他にも読んだミステリー系の作家はもちろんいたが、たいていは一作読んだだけで、あとは手を出さなかった。何作も飽かずに読み続けたのは清張とレイモンド・チャンドラーと横山秀夫ぐらいだろうか。

私にとっての清張作品の魅力は緻密なプロットや奇抜なトリックにあったわけではない。それよりも、好きだったのは、作品のもつ世界感というか雰囲気のようなものだったのではないかという気がする。清張はよく〈社会派〉と呼ばれるが、私も彼の描く社会そのものに惹かれていた。

清張の作品から漂ってくる、なんとなく冷たくて薄暗い空気感。暗闇のなかでカクテル光線がまわっているような酒場の少し猥雑な気分。語尾に「だわ」とか「かしら」といった言葉を使う現実では出会うことのない媚《こ》びた女たち。ネオン街をくたびれた背広で歩く男。汚職にまみれた典型的な悪徳政治家。夜行列車。ハイライトの煙。安月給の老練な刑事。重たい曇り空と北西から吹く冬の冷たい季節風。清張の作品には、そうした昭和三十年代、四十年代の日本の白黒映画みたいな時間が流れており、そのなかで〈いかにも〉という悪い奴らが〈いかにも〉という悪いことをするのである（実際、清張の作品のなかには『わるいやつら』というそのまんまのタイトルのものもある）。

そんな清張作品のなかでも、とくに強い印象にのこったものの一つに『影の地帯』（新潮文庫　一九七八年）がある。といってもこの作品のストーリー自体が好きだったわけではない。実際、この原稿を書くために改めて読み直してみたが、やはり格別よく出来た作品だとは思えなかった。たしかに犯罪自体には興味深い手法が用いられているし、清張独特の薄暗い雰囲気も感じられる。だが、主人公が行く先々で何度も関係者とばったり出会うのはあまりにも都合がよすぎるし、冒頭に出逢《であ》ったヒロインがじつは犯罪集団の一味で、そのヒロインに窮地を救われ、しかも最後は結ばれる……といったストーリーを支える人間関係の構図は陳腐だとさえいえる。

作品の質という点からすると、この小説が『砂の器』や『黒革の手帖《てちょう》』といった彼の代表作に到底およばないのは明らかだ。それでも、私はある懐かしさをもってこの作品を再読した。というのも、じつは『影の地帯』は、私が人生のある時期に新聞記者の道に足を踏み入れるきっかけを作った個人的に重要な作品だったからである。

私は二十七歳のときに一度、新聞記者になった。

大学を二年留年して卒業したときは就職活動をすることもなく、だからといって実社会に飛び出すわけでもなく、ある登山家が立案した探検遠征隊に参加することによって、人生を今後どうやって切り拓くかという全若者が共有する悩みをスルーした。半年ほどして帰国し、そのあとは探検家という生き方を模索しながら、主に土木作業員のアルバイトで生活費を稼いで国内の山登りなどをつづけていた。

そんな私が生き方に関する方向をあっさりと転換して新聞社の就職試験を受けたのは、探検から帰国した翌年の秋のことだった。試験を受けた理由はいくつかあるが、ここではそれには深く触れない。ただ、新聞記者という職種に対しては、就職活動をすることなく終わった大学卒業のときから強い興味をいだいてはいた。もともと新聞を読むのは子供のころから好きだったし、読む本の傾向も文学よりは社会系ノンフィクションやルポルタージュのほうが多かった。その新聞記者にたいする強い関心が、当時私が抱えていた人生に対する不安や方向性の見えなさと折り重なって復活し、私の背中を押して受験を決意させたわけだ。そして、記者に対する強い関心を私のなかに形成したものの一つに、松本清張のこの『影の地帯』という作品があったのである。

物語の筋は次のようなものだ。主人公は田代というカメラマンで、ある取材の帰りの飛行機のなかで美しい若い女と、どこか不快な感じのする男と出会う。東京に戻ったある日、行きつけのバーを訪れると、奇遇にも飛行機で出会った男が現れた。そして、田代に好意を寄せているらしいバーのマダムが突然失踪した。その後、田代は取材で信州を訪れることになるが、その山奥の片田舎でも再び飛行機の男の姿を見かける。マダムの失踪の件もあり直感的にこの男のことを怪しいと感じた田代は、彼の動向調査をはじめた。すると男が東京から重たい木箱を受け取り、青木湖や木崎湖といった信州の各地の湖にそれを投げ捨てるという奇妙な行動をとっていたことがわかっていく。

新聞記者が登場するのはそのあたりだ。その頃、一人の大物政治家の行方不明事件が世間を騒がせており、木南という四十代の古株記者が、R新聞社の警視庁キャップとしてこの事件を担当していた。ひょんなことから田代はこの木南と接触する。田代から情報を得た木南は湖に投げ捨てられた木箱と、政治家の行方不明事件に関連があることを嗅ぎつけ、独自の取材を開始するのだ。

曲者揃《くせものぞろ》いの新聞記者のなかでも木南はとくに横紙破りの人物として描かれている。平時の仕事ぶりは警視庁の記者クラブでだらだら寝そべって麻雀《マージャン》に明け暮れるといった怠惰なものだが、ひとたび独自情報を入手すると、デカ部屋で刑事をなかば恫喝《どうかつ》して新たなネタを仕入れ、目の奥をギラギラさせてハイエナのような嗅覚で動きまわる。木南は目の前にぶら下がった大きなヤマを前に、警視庁キャップなどという動きにくい役職が邪魔になった。そこで社会部長に直談判し遊軍に回してもらい、会社からカネをむしり取って一人で信州を歩きはじめた。湖に捨てられた木箱には、おそらく行方不明となった政治家の切断遺体が入っているにちがいない。そうした心証を固めた木南は人夫を雇って湖の底をさらい、木箱を直接入手しようとの大胆な捜索活動を展開するのである。そして事件の核心に近づいたとき、彼もまた消されてしまう。

木南は、本田靖春の本に描かれているような、新聞が新聞であったアツい時代の無頼な記者像そのままの男であった。私がこの小説を読んだのは大学二年か三年の頃だったと思う。当時の私は昔からの習慣で新聞こそ毎日読んでいたが、記者が具体的にどのように仕事をしているのかは知らなかったし、とくに関心もなかった。そのように記者に対して無知だった私の心に、木南は、鳥の卵を人間の前でふ化させたら人間を親と勘違いして育つという、あの動物行動学の分野における〈刷りこみ〉効果のように、新聞記者の原初的イメージとして入りこんできた。自分の足で情報をつかみ、未知の事件の構図を組み立て、危険を顧みず核心にヒタヒタと迫っていく。そんな取材に私は職業という枠組みを超えた、ひとつの生き方のロマンみたいなものを感じたのだ。つまり私は木南みたいな取材をしたくて記者になったのである。

そうして記者となった私だったが、実際の現場では木南がやったようなロマンあふれる取材はほとんど経験できなかった。

全国紙の新聞社の場合、基本的に新人記者は地方支局に回されて警察担当をすることになる。つまり木南と同じ事件記者だ。しかし、現実の新聞業界の事件記者は、厳密にいうと事件記者というより警察記者と呼んだほうが適切である。現場を歩いて聞き取り取材をおこない、核心に迫るよりも、署や官舎を回って警察官とできるだけ仲良くなり、公にされていない情報を秘密裏に教えてもらうことのほうが主なのである。会社の上司から言われたことでよく覚えているのは、記者というのは最大の営業職だという言葉だ。どうやって公務員の堅い口を割らせるか。記者が考えなければならないのはそのことであり、食いこむコツ、技術を自分なりに磨くことが記者道の最たるものなのである。いつしか私は公務員たちの間を回ってご機嫌伺いのようなことをして、何とかおこぼれにあずかるみたいな現実の記者の存在のあり方に疑問をもち、どこか冷ややかな目をもって仕事をするようになった。わずか五年で退職した背景には、そんなこともあったと思う。

しかし、犯人に近づいていくという経験が皆無だったわけではない。私にも、たった一度だけだが、木南のように自分の足で、ある事件の犯人の足取りをつかみかけたことがあった。

　記者となり富山県に配属された二〇〇三年のある日、同県黒部市の会社員宅に男が侵入し、子供を人質にとって脅し、五十万円を奪って逃走するという事件が発生した。首都圏ならベタ記事になるかどうかもわからない小さな事件だが、凶悪犯罪がほとんど発生しない富山県では、これは地元紙の朝刊一面をかざる大事件だった。初動取材でこれといった大きな情報を得ることができなかった私に対し、地元紙は翌日の朝刊で、現場を逃走した男は車を近くの神社に乗り捨て、そこから三百メートル離れた旅館に立ちより、タクシーでどこかへ立ち去ったとの内容の続報記事を掲載していた。

　今から考えると、恐ろしく些末な情報であったが、しかし警察はそのようなことを発表していないので、この記事は地元紙の立派な特ダネだった。いわゆる〈抜かれた〉というやつだ。他社を〈抜く〉ことがどれだけ快感で、他社に〈抜かれる〉ことがどれだけ悔しいことかは、記者を経験したものでなければわからないだろう。記事が読者に有用かどうか、そんなことは記者にとってはどうでもよいことである。抜いたかどうかだけに記事の価値はあるのだ。

　この〈犯人は旅館に立ちよった〉との記事に歯ぎしりするほど悔しい思いをした私は、絶対に犯人の足取りをつかんで抜き返すとの強い決意のもと、すぐさまこの旅館に向かい、犯人が呼んだタクシーの運転手を割りだし、男が新潟県のＪＲ直江津《なおえつ》駅付近に向かったことを突き止めた。運転手によると、犯人は「上越の仕事仲間が酒場でひと悶着《もんちやく》起こしたのでしずめに行く」と言っていたらしく、私はタクシーが犯人を降ろしたという場所に向かい、そこから彼が行ったであろう繁華街を目指すことにした。

直江津駅の近くに向かうと居酒屋やスナックが軒を連ねる飲み屋街があった。地方の歓楽街とはいえ店の数は決して少なくない。犯人が立ちよった店を探すことが容易でないことは明らかだったが、しかし抜き返すにはそれを見つけるしかなかった。私は自分の足で一軒一軒酒場をまわり、何月何日にこのような男は来ませんでしたか？　と質問しては、そうですか、失礼しましたと言って退去するという地道な取材をつづけた。そして、何軒目か、何十軒目かは覚えていないが、飲み屋ばかりがテナントに名前を連ねるビルの、とある一軒のスナックの扉を開き、これまでと同じ質問をすると、応対に出たホステスが、「あ、××さんのことじゃない。そういう人、来ましたよ」などと言って、私を中に招き入れてくれたのだ。

店内は薄暗く、黄色い灯《あか》りで煙草《タバコ》の煙がゆれており、まるで松本清張の小説の世界のようだった。カウンターから現れた店のマダムは、その日が仕事であることが悔やまれてならないほど途方もなく色っぽい女だった。肌は透き通るように白く、黒い服につつまれた肩はほっそりとしており、豊かな胸は誰かにしゃぶりつかれるのを待っているように服からこぼれ落ちそうだ。マダムは切れ長の美しい目をじっとり潤ませ、何人もの男を手玉にとったであろう艶やかな声で、男が札束の入った財布を自慢げに見せていたこと、そして二カ月ほど前からこの店に何度も足を運んでいたことなどを明かした。彼女のしっとりとした赤い唇から吐き出される怪しげな紫煙にくるまれながら、私は、男がこの店に何度も足を運んだのは彼女の胸のせいに違いないと確信した。そしてマダムは、私と同じように話を聞きにきたという富山県警の刑事の名刺を示すことで情報の裏を取らせてくれたうえ、犯人の男はその後、富山県魚津《うおづ》市内のホテルに向かったようだとの警察情報まで教えてくれた。その名刺の富山県警刑事がこのような捜査情報をうっかり漏らしてしまったのも、彼女の色っぽい胸元のなせる業《わざ》であることは明らかだった。新しいネタをつかんだという業務上の興奮と、とんでもない美人と一時間も話をすることができたという性的興奮がないまぜになり、二七歳だった私は頭から白い湯気をもうもうと立ち昇らせながら店を後にした。絶対にもう一度この店に来よう、今度はプライベートで、と心に誓いながら……。

結局、私がわかったのは魚津のホテルまでだった。支配人だという底魚《そこうお》みたいに表情のない、平べったい顔の男が取材に応じてくれたが、犯人がこのホテルに宿泊したことまでは認めたものの、その後の行方は客の情報秘匿を盾に教えてくれなかったのだ。

それから四年間、私は記者をつづけたが、このときのように犯人の足取りに近づいているとの感覚を持てた取材はついに経験できなかった（直江津の店にも行けなかった）。

変に色気のある女が現れたところなども、どこか清張作品っぽくて、記憶に残っている事件である。

初出　「本の雑誌」二〇一五年八月号〔NO．386〕二〇一五年八月一日刊行

文庫版あとがき

本書は雑誌に掲載した記事や対談のほか、単行本、文庫本の解説をあつめた雑文集である。同名の単行本として発売されたのが二〇一六年六月で、それ以前の文章が対象となっているのだから、つまり本書に収載されたのは、私が物書きとして本を書くようになってからまもない文章や対談がほとんど、ということになる。デビュー作となった『空白の五マイル』が二〇一〇年の刊行で、今は二〇二〇年である。本を書くようになって十年がたったわけだ。

ふりかえると、まだ十年しかたっていないのか、と意外な気持ちになる。というのも、私の主観としては、もう二十年ぐらいこの生活をつづけているような感覚があるからだ。実際、本書におさめられた六年前、七年前の文章や対談もすべてずいぶん昔に書いた、話した、という印象がつよく、今回の文庫化にさいしてあらためてゲラ刷りに目をとおしたところ、当時の自分はこんなことを考えていたのかと正直驚くばかりであった。

書き手と読み手とのあいだには距離がある。これは自分が読み手である場合にもいえることなので仕方がないのだが、読み手はこの本に書いてあるようなことを今の私も考えているはずだ、と考える傾向がある。インタビューにきた取材の人から昔の本の内容をきかれて、「いやあ、今はそういうことは考えてないんですよね」と答えて驚かれることも少なくない。だから、ひとまずここで、今の私は、本書の文章を書いていたときの私と問題意識を共有していないということを、お断りしておこうと思う。この五、六年で私の感覚や思考は大きく変化した。

無論、私は今も探検家という肩書で活動、執筆しており、今年も一月から北極圏で活動しているわけで、その意味では一見、やっていることは変わらないように見えるかもしれない。しかし探検や冒険にたいする距離感や態度といった内面的な部分が、三十代のころとくらべて全然ちがうのだ。

とにかく当時は、現代社会の日常生活では死を感じることができず、そこにはリアルな生もない、だから生を感じるには死のある自然のなかで冒険でもするしかない、という論理につらぬかれており、他人の本を読みとくにも、自分の文章を書くにも、同じことの一点張りだ。今よりダイレクトに探検や冒険というものにむきあっており、それがこのような思考回路を形成していたのだろう。

だが、今は死という要素をもとめて旅に出ることは、まったくない。年々、活動のスケールは大きくなっており、極地や山岳地で長期間孤絶して活動することは必然的に危険をともなうことでもあるので、死ぬことがあるかもしれないという覚悟はある。だが、死を感じることができなければ活動として不完全だ、という意識は皆無となっている。つまり死への接近をもとめている、もとめていないという点で決定的にちがうわけだ。

また、今の私のテーマは探検をつうじて人間の原型や生の始原を理解することである。生の追求という意味では変わらないように思えるかもしれないが、死という観点からそれを見つめるのではなく、自然と深い関係をむすぶことでそれを把握したいと思っており、やはりその点も変わっている。

どうやらどこかの時点で、私は個人的な生の追求から、万人にあてはまる普遍的な生の追求に軸足をうつしたようだ。今は探検を、普遍的生を理解するための研究手段というふうにみなしているフシがある。だから同じようで、やはり全然ちがうのである。

もちろん当時の意識や考え方は今もなんとなくのこってはいるが、その意識はもう今の自己の人格を構成していない、ということが自分ではっきり自覚できる。当時のひりひりするような文章を読み、私はいささか複雑な気持ちになった。ストイックといえばストイックだが、余裕がなさすぎるんじゃないかという気もするし、でも同時に、生きることにこれほど切実にむきあっていたことをすこし羨ましくも思う。

しかし、だからといって当時の感覚をとりもどしたいとも思わない。あんなにひりひりした精神状態は疲れる。若者の時期だけで十分、正直もう御免である。今の私は三十代をやりきったという気持ちがつよい。

最後になるが、本書の刊行にさいしては集英社学芸編集部の岸尾晶子さんに、また文庫化では文庫編集部の田島悠さんにお世話になった。この場をかりてお礼申しあげる。

二〇二〇年一月

角幡唯介

本書は、二〇一六年六月、集英社より刊行されました。

角幡唯介の本

空白の五マイル

チベット、世界最大のツアンポー峡谷に挑む

チベットに「空白の五マイル」と呼ばれる場所があった——。伝説の地を求めて、命の危険も顧みず冒険に出る。開高賞、大宅賞、梅棹賞を受賞した若き冒険作家のデビュー作。

集英社文庫

角幡唯介の本

雪男は向こうからやって来た

ヒマラヤ山中に棲むという謎の雪男、その捜索に情熱を燃やす人々がいる。捜索隊に誘われた著者は60日間にわたる捜索期間の中で彼らの奇妙な体験談に引き込まれてゆく。

角幡唯介の本

アグルーカの行方

129人全員死亡、フランクリン隊が見た北極

19世紀、英国を出発したフランクリン隊は北極探検中にその姿を消した。彼らはそこでどんな光景を目にしたのか。その足跡をたどった壮大な冒険記。講談社ノンフィクション賞受賞作。

集英社文庫

集英社文庫　目録（日本文学）

集英社文庫　目録（日本文学）

加藤実秋　学園《スクール》王国《キングダム》
上遠野浩平／荒木飛呂彦・原作　恥知らずのパープルヘイズ ―ジョジョの奇妙な冒険より―
金井美恵子　恋愛太平記1・2
金子光晴　金子光晴詩集 女たちへのいたみうた
金原ひとみ　蛇にピアス
金原ひとみ　アッシュベイビー
金原ひとみ　AMEBICアミービック
金原ひとみ　オートフィクション
金原ひとみ　星へ落ちる
金原ひとみ　持たざる者
加野厚志　龍馬暗殺者伝
加納朋子　月曜日の水玉模様
加納朋子　沙羅《さら》は和子《わこ》の名を呼ぶ
加納朋子　レインレイン・ボウ
加納朋子　七人の敵がいる
加納朋子　我ら荒野の七重奏《セプテット》

壁井ユカコ　2.43 清陰高校男子バレー部①②
壁井ユカコ　2.43 清陰高校男子バレー部 代表決定戦編①②
鎌田實　がんばらない
鎌田實／高橋卓志　生き方のコツ 死に方の選択
鎌田實　あきらめない
鎌田實　それでもやっぱりがんばらない
鎌田實　ちょい太でだいじょうぶ
鎌田實　本当の自分に出会う旅
鎌田實　なげださない
鎌田實　たった1つ変わればうまくいく 生き方のヒント幸せのコツ
鎌田實　いいかげんがいい
鎌田實　がんばらないけどあきらめない
鎌田實　空気なんか、読まない
鎌田實　人は一瞬で変われる
鎌田實　がまんしなくていい
神永学　イノセントブルー 記憶の旅人

神永学　浮雲心霊奇譚 赤眼《せきがん》の理
神永学　浮雲心霊奇譚 妖刀《ようとう》の理
神永学　浮雲心霊奇譚 菩薩《ぼさつ》の理
神永学　浮雲心霊奇譚 白蛇《はくじゃ》の理
加門七海　うわさの神仏 日本闇世界めぐり
加門七海　うわさの神仏 其ノ二 あやし紀行
加門七海　うわさの神仏 其ノ三 江戸TOKYO陰陽百景
加門七海　うわさの人物 神霊と生きる人々
加門七海　怪のはなし
加門七海　猫怪々
加門七海　霊能動物館
香山リカ　NANA恋愛勝利学
香山リカ　言葉のチカラ
香山リカ　女は男をどう見抜くのか
川上健一　宇宙のウインブルドン
川上健一　雨鱒の川

集英社文庫　目録（日本文学）

集英社文庫　目録（日本文学）

北方謙三　愛《いと》しき女たちへ
北方謙三　傷痕　老犬シリーズⅠ
北方謙三　風葬　老犬シリーズⅡ
北方謙三　望郷　老犬シリーズⅢ
北方謙三　破軍の星
北方謙三　群青　神尾シリーズⅠ
北方謙三　灼光　神尾シリーズⅡ
北方謙三　炎天　神尾シリーズⅢ
北方謙三　流塵　神尾シリーズⅣ
北方謙三　林蔵の貌《かお》(上)(下)
北方謙三　そして彼が死んだ
北方謙三　波《は》王《おう》の秋《とき》
北方謙三　明るい街へ
北方謙三　彼が狼だった日
北方謙三　罅《ひび》・街の詩《うた》
北方謙三　皸《ひび》・別れの稼業

北方謙三　草莽《そうもう》枯れ行く
北方謙三　風裂　神尾シリーズⅤ
北方謙三　風待ちの港で
北方謙三　海嶺　神尾シリーズⅥ
北方謙三　雨は心だけ濡らす
北方謙三　風の中の女
北方謙三　水滸伝一～十九
北方謙三・編著　替天行道　—北方水滸伝読本
北方謙三　魂の岸辺
北方謙三　棒の哀しみ
北方謙三　君に訣別の時を
北方謙三　楊令伝　一　玄旗の章
北方謙三　楊令伝　二　辺烽の章
北方謙三　楊令伝　三　盤紆の章
北方謙三　楊令伝　四　雷霆の章
北方謙三　楊令伝　五　猩紅の章

北方謙三　楊令伝　六　徂征の章
北方謙三　楊令伝　七　驍騰の章
北方謙三　楊令伝　八　箭激の章
北方謙三　楊令伝　九　遥光の章
北方謙三　楊令伝　十　坡陀の章
北方謙三　楊令伝　十一　傾暉の章
北方謙三　楊令伝　十二　九天の章
北方謙三　楊令伝　十三　青冥の章
北方謙三　楊令伝　十四　星歳の章
北方謙三　楊令伝　十五　天穹の章
北方謙三・編著　吹毛剣　楊令伝読本
北方謙三　岳飛伝　一　三霊の章
北方謙三　岳飛伝　二　飛流の章
北方謙三　岳飛伝　三　嘶鳴の章
北方謙三　岳飛伝　四　日暈の章
北方謙三　岳飛伝　五　紅星の章

集英社文庫

旅人《たびびと》の表現術《ひょうげんじゅつ》

2020年2月25日　第1刷　　定価はカバーに表示してあります。

著　者　角幡唯介《かくはたゆうすけ》

発行者　徳永　真

発行所　株式会社　集英社
東京都千代田区一ツ橋2-5-10　〒101-8050
電話　【編集部】03-3230-6095
【読者係】03-3230-6080
【販売部】03-3230-6393(書店専用)

印　刷　大日本印刷株式会社

製　本　大日本印刷株式会社

フォーマットデザイン　アリヤマデザインストア　　マークデザイン　居山浩二

ISBN978-4-08-744082-9 C0195